KB214132

우물에 빠진 그리스도인

우물에 빠진 그리스도인

지은이 · 이의용
초판 1쇄 찍은날 · 1999년 4월 21일
초판 1쇄 펴낸날 · 1999년 4월 28일
펴낸이 · 김승태
편집장 · 김순덕
편집, 교정 · 이연희
표지디자인 · 한영애
영업 · 김석주
등록번호 · 제2-1349호(1992. 3. 31)
주소 · 110-616 서울 광화문 우체국 사서함 1661
　　　유통사업부 T. (02)830-8566 F.(02)830-8567
　　　편집부 T. (02)2264-7211 F.(02)2264-7214
　　　E-mail:jeyoung@chollian.net

ISBN 89-8350-149-9　　03230

값 4,200원

우물에 빠진 그리스도인

이의용 지음

예영커뮤니케이션

문제의식이야말로 고정관념을 깨는 열쇠다

복음과 진리가 적잖이 뒤틀려 있다. 복음과 진리를 뒤틀리게 하는 가장 큰 요인은 교회 지도자들에게 있다. 교회 지도자들의 질적 저하가 복음과 진리를 뒤틀리게 하고, 복음과 진리가 뒤틀림으로써 교회와 교인의 세속화를 초래하고, 세속화된 교회와 교인들이 지도자를 오염시키고 질적으로 저하시키는 악순환이 거듭되고 있다.

한국 교회의 부패와 세속화의 책임은 90퍼센트가 목회자들에게 있겠지만, 나머지 10퍼센트는 일반 교인들에게도 있음을 망각해서는 안 될 것이다. 비극적인 과오를 이 시대에 되풀이 하지 않도록, 교회 지도자들과 일반 교인들은 문제의식을 가지고 교회의 정체성 회복에 앞장서야 할 때이다.

이 세상에 문제가 없는 조직이란 없다. 한국 교회가 안고 있는 가장 큰 문제는, 문제를 문제로 보지 않으려는 태도라고 생각한다.

우리는 알게 모르게 전통, 공식, 습관, 형식이라는 고정관념의 우물 속에 빠져 진리의 본질보다 껍데기를 소중히 여기며 살아가는 수가 많다. 특히 신앙을 가진 사람, 남을 가르치는 사람들은 자기의 세상에서 나오지 않으려는 경향이 있다.

고정관념의 우물에서 벗어나 새로운 관점에서 사물을 보고 유연하게 사고하려면 문제의식을 가져야 한다. 문제의식이야말로 고정관념을 깨는 열쇠다.

전통, 공식, 습관, 형식 등으로 굳어진 생각의 틀을 깨고 나올 때, 우리는 보다 새로운 세계를 발견할 것이며 보다 풍요로운 삶을 누릴 수 있으리라 확신하다.

이 책의 1장, 2장은 월간 《월간목회》에 2년 동안 연재되었던 것들이며, 3부는 《기독교사상》에 실렸던 것이다.

펌프로 물을 퍼 올리려면 한 바가지의 물을 쏟아 부어야 한다. 의식 있는 그리스도인, 깨어 있는 그리스도인들이 아집과 편견에서 벗어나 진리의 본질을 바로 보는 데 이 책이 한 바가지의 물이 되었으면 한다.

이 책을 펴내 준 예영커뮤니케이션 김승태 사장님과 편집진에게 고마운 마음을 표한다.

1999년 3월

제1장 다른 것은 틀린 것이다?

제2장 권위주의도 병이다

제3장 한국 교회에 바란다

제 1 장

관점을 바꾸면 세상이 달리 보인다

문제의식'이라는 열쇠

신약성경 사도행전에는 아나니아가 사울에게 손을 얹고 기도하는 장면이 소개되고 있다. 그러자 사울의 눈에서 비늘 같은 것이 떨어져 나가고, 사울은 시력을 회복한다. 사울의 눈에서 떨어져 나간 그 비늘 같은 것은 과연 무엇일까?

사람은 누구나 '인식'이라는 안경을 쓰고 사물이나 현상을 보게 된다. 그가 쓴 안경에 따라 사물이나 현상을 바로 볼 수도 있고, 본래의 모습과는 다르게 볼 수도 있다. 실제로 우리가 접하는 사물이나 현상이란 왜곡, 축소, 확대, 변색, 변질된 것일 수가 많다.

어떻게 하면 사물이나 현상을 본래의 모습대로 볼 수 있을까? 우리의 눈에 낀 비늘을 털어 버려야 한다. 그 비늘이란 다름아닌 스테레오 타입, 수직적 사고, 편견, 흑백논리적인 사고, 주객의 전도, 부정적 사고, 권위주의, 습관, 경직된 사고, 실패에 대한 두려움, 자아상실증, 무의식의 성격, 적당주의 같은 고정관념 덩어리다.

이런 고정관념 덩어리를 털어 내는 아나니아의 손이 바로 '문제의식'이다. "왜 그럴까?", "지금 이대로가 좋은가?", "꼭 이래야 하나?", "다른 쪽에서 보면 어떻게 보일까?" 하는 의문과 문제의식을 가질 때, 우리는 사물이나 현상을 제대로 볼 수가 있다.

예수 그리스도 안에서 새로운 피조물이 되고, 날마다 예수 그리스도를 닮아 가려면 문제의식을 가져야 한다. 문제의식 없이 개인이 회개를 할 수 없고, 문제의식이 없는 사회나 조직이 개혁이나 개선을 이룰 수 없다. 문제의식이 없다는 것은 '정신적인 죽음의 상태'에 있음을 의미한다.

예를 들어보자. 우리는 산모와 신생아를 한 달여 동안 더운 방에서 함께 지내게 한다. 그게 산모에게는 산후조리로 좋다지만, 신생아에게도 좋은지 문제의식을 가져봐야 한다.

또 요즘 교회들이 불우이웃돕기 성금을 언론사에 기탁하는 일이 많은데, 교회가 성금을 신문사에 기탁하는 것이 정상인지, 신문사가 성금을 걷어 교회에 기탁하는 것이 정상인지 문제의식을 가져 볼 필요가 있다.

사물이나 현상을 바로 보려면, 우리의 눈을 가리고 있는 고정관념이라는 비늘 덩어리부터 떼어 내도록 하자.

은혜스럽게주의

옛날 어떤 왕이 새로운 법을 발표하면서, 그것을 어기는 사람은 두 눈을 뽑겠다고 공언을 했다. 백성들은 처벌이 두려워 그 법을 잘 지켰다. 그런데 어느 날 관원들이 그 법을 어긴 범법자를 잡아왔다. 그는 다름 아닌 왕의 아들이었다. 왕은 그가 왕의 아들이라고 하여 죄를 묵인해 줄 수도, 아버지로서 차마 아들의 눈을 뽑을 수도 없는 어려움에 당면하고 말았다.

기독교인들 사이에서 잘못 쓰이고 있는 말 중의 하나가 바로 '은혜스럽게'가 아닌가 생각한다. 조건 없이 거저 받는 것이 은혜라 할 때, 그리스도인이 매사를 은혜스럽게 생각하고 수용하고 행동하는 것은 당연한 일이다. 그러나 이 말이 그러한 순수한 뜻으로보다는 '대충대충'의 의미로 왜곡되어 사용되는 수가 더 많다.

'은혜스럽게'라는 말은 흔히 '철저하지 못함', '정직하지 못함', '정확하지 못함', '무원칙함', '묵인해 줌' 등

우리 사회의 고질적인 '적당주의'를 의미하는 교회 내의
용어로 전락하고 말았다. 이 적당주의로 인해 우리가 얼
마나 많은 대가를 치르고 있는가?

교회 내의 '은혜스럽게주의' 사례를 들어보자.
▪ 대집회 참석 인원수나 교회의 재적 교인 수가 정확하
지 못하다. 거기에는 대부분 뻥튀기 수치가 상당히 포함
돼 있고, 거부감 없이 은혜스럽게 여긴다.
▪ 어떤 일이나 행사를 완벽하게 준비하여 처리하지 못
한다. 심지어는 예배위원들조차 준비 없이 임하여 예배
의 진행을 중단시키곤 한다. 뭔가 엉성함을 미덕으로 여
기려 한다.
▪ 한번 신중하게 결정한 원칙을 즉흥적으로 바꾸거나
쉽게 폐기해 버리고 예외를 만든다.
▪ 교회 내에서는 물론 교회 바깥에서 그리스도인들이
금전 거래를 할 때 정확하게 처리하지 않으려는 경향이
있다.
▪ 의식 있고 바른 문제 제기를 은혜스럽지 못하다는 이
유로 묵살해 버린다.
▪ 잘못을 인정하거나, 근본적인 원인을 분석하여 재발
을 막기보다는 우선 순간을 넘기는 일에 급급하다.
▪ 부당하거나 공정하지 못한 상황임에도 불구하고 곤란

한 문제의 경우, 해결하기보다는 '좋은 게 좋다'는 식으로 그냥 넘어간다.

▪ 갈등 요인이 발생할 때, 그것을 해결하려 하기보다는 우선 피하고 본다.

▪ 교회의 치리기관인 노회나 당회가 교인들에 대한 권징을 회피하려 한다.

▪ 설교자가 교인들에게 자극을 주는 고언(苦言)은 제외하고, 교인들이 듣기 좋아하는 감언(甘言)만 강단에서 외친다.

▪ 회의를 하다가 결론이 나오지 않으면 정당한 의견일지라도 묵살하고 참석자들의 기호에 맞는 무난한 의견을 택하고는 만족해 한다.

▪ 집회나 회의의 시작과 종료 시각을 합의 없이 소수가 임의로 지연시킨다.

▪ 윤리적으로 문제가 있음에도 불구하고, 교회가 넘어서는 안 될 선(법, 관습)을 거리낌없이 넘나든다. 예를 들어 교회 일이라면 저작권, 교통법규 등 실정법을 불가피하게 어느 정도 위반할 수도 있다고 생각한다. 교회가 가짜 추천서를 발부하고, 각종 고시에서 부정행위를 용납하거나 무자격자에게 성직을 함부로 허락한다. 신학대학에서조차 커닝이 근절되지 않고 있다.

사람들끼리의 합의나 입장보다는 하나님의 뜻이 중요한데도, 은혜스럽게주의는 하나님의 뜻보다 사람들끼리의 합의나 입장을 더 중시하는 게 문제다.

원칙(Rule)이야말로 피해를 최소화할 수 있는 최선의 방책이라고 볼 수 있다. 원칙이 무너질 때 생각잖게 억울한 피해자가 생겨나기 마련이다. 그래서 은혜스럽게주의는 자칫 '피해스럽게'가 될 수도 있다.

은혜스럽게주의는 분석적이지 못하고 정밀하지 못한 것이 문제다. 따라서 부정직, 비양심이 자랄 토양을 조성함으로써, 진실과 거짓을 구분하지 못하게 한다.

은혜스럽게주의는 결국 하나님의 속성인 '사랑'을 '적당주의'로 왜곡시키고 '공의(公義)'를 부정하게 된다. 하나님의 사랑은 어디까지나 공의에 입각한 사랑이다. 진정한 회개와 개선이 따르지 않는 맹목의 용서와 관용이란 무의미한 것이다. 하나님께서 이 땅에 오심, 십자가에서 돌아가심의 사건에서 우리는 지나칠 정도로 철저한 공의와 엄격한 질서를 발견하게 된다.

"공의에 연결되지 않은 사랑은 감상적인 사랑(Sentimental Love)에 그치게 되며, 사랑에 연결되지 않은 공의는 공의로부터 격하된다"는 라인홀드 니버(Reinhold Niebuhr)의 말이 이를 잘 설명해 준다.

은혜스럽게주의는 오늘날 우리 교회의 문화를 썩게

하는 적당주의에 불과하다. 적당주의라는 고정관념은 결국 부실 공사의 원인이 되어 커다란 불행을 야기시키고 만다.

앞서 소개한 이야기를 계속해 보자. 고민을 하던 왕이 드디어 '은혜스럽게' 일을 처리하기로 했다. 그렇다고 해서 우리가 생각하는 '은혜스럽게주의'로 대충 넘긴 것이 아니다. 그는 아들과 자신의 눈 한쪽씩을 뽑았다. 그렇게 함으로써 스스로 나라의 법을 지켜 왕으로서 백성들에게 모범을 보였다. 또 한 아버지로서 자식에 대한 깊은 사랑을 보임으로써 백성들에게 큰 감동을 주고 존경을 받게 되었다.

이것이 진짜 일을 '은혜스럽게' 처리하는 좋은 사례라고 생각한다.

중(僧)도 이웃인가?

"당신의 집 문 앞에서 중이 목탁을 두드리고 있다. 당신은 어떻게 하겠는가?" 교인들에게 강의를 할 기회가 있을 때마다 나는 이런 질문을 한다. 독자들도 한 번 대답해 보시라.

응답자의 80퍼센트는, 그냥 쫓아 보내겠다고 말한다. 자기네는 교회를 나가니 다른 집으로 가보라는 것이다. 그래서 시주커녕 아예 접촉을 피하려고 한다. 그리고 10퍼센트 정도는 물질을 줘서 보내겠다고 말한다. 전도를 하겠다는 공격적인 대답도 10퍼센트나 된다.

태국은 불교국이다. 수년 전 태국을 여행하던 우리나라 사람들이 사찰 구역 내에서 예배를 드리고 심지어 불상을 훼손하여 문제가 된 일이 있다.

석가탄신일이 되면 매년 신문의 사회면 한 구석을 장식하는 단골 기사가 있다. 길거리에 나붙은 '부처님 오신날'이라는 플래카드를 누군가 훼손했다는 기사다. 밤에

페인트로 중요한 글자를 지우거나, 플래카드를 아예 떼어 버리는 사건이 매년 발생하곤 한다.

누가 그랬을까? 기독교인이 그랬을 리가 없다고 자신 있게 주장할 자신이 없다. 내가 몸담고 있는 기독교계의 분위기로 보아, 십중팔구는 교회에 나가는 사람들이 그랬으리라고 생각한다.

대체로 기독교인들은 편견을 가지고 이교도를 대하려는 경향이 있다. 다른 종교인들을 무조건 '사탄'으로 몰아붙이거나, 구원받지 못한 불쌍하고 어리석은 존재로 천대하려는 경향이 있다. 그래서 다른 종교인들과는 아예 상종을 하지 않는 것이 신앙인의 바른 태도인 것으로 잘못 인식하는 사람도 많다.

주님은 이웃을 사랑하라고 하셨는데, 거기에 과연 중도 포함되는지 확신이 없는 것이다. 그래서 막상 내 집 문 앞에서 중이 염불을 외고 있을 때 선뜻 그를 불러들여 라면이라도 한 그릇 대접하지 못하고, 전철에서 중이 짐을 들고 서 있을 때 그의 짐을 선뜻 받아주지 못하는 것이다. 마음은 그렇지 않은데 이교도를 어떻게 대해야 하는지 몰라 당황해 하는 것이다.

나는 석가탄신일의 플래카드를 훼손한 사람은 엄격히 말해 참다운 신앙인, 참다운 그리스도인은 아니라고 생각한다 생각해 보라. 과연 예수님이라면 그렇게 하셨겠는가?

언젠가 연말에 어느 절 앞을 지나다가 길에 달려 있는 플래카드를 본 일이 있다. "성자 예수의 탄신을 축하합니다. ○○寺 청년회"

나는 그 플래카드를 보면서 속으로 열등감과 부끄러움을 삭여야 했다. 왜냐하면 나와 또 우리 교회에는 그런 여유가 없었기 때문이다.

우리가 소중히 여기는 '믿음'과 '확신'이라는 것이, 혹시 배타적이고 공격적인 '아집'과 '독선'에 불과한 고정관념은 아닌지 점검을 해 볼 필요가 있다.

다른 것은 틀린 것이다?

　어느 교인이 필자가 일하는 직장으로 전화를 걸어 왔다. 그 교회 목사 앞으로 보낸 우편물에 '아무개 목사 귀하'라고 표기한 것이 잘못됐으니 '아무개 목사님 귀하'로 고치라는 것이다. 그 표기가 잘못된 것이 아니라고 설득을 했으나 막무가내였다. 담당 직원은 마침 책임자가 교회 장로니 그에게 말해 보라며 전화를 내게 돌려주었다.

　그녀는 우선 교회 장로가 왜 사탄의 앞잡이 노릇을 하느냐며 따졌다. "성경에 보면 龍은 사탄인데, 당신이 일하는 회사가 '雙龍'이 아니냐. 용이 한 마리도 아니고 두 마리나 되니 사탄 중에서도 왕사탄인데, 그곳에서 일하니 사탄의 앞잡이가 아니냐?"고 따졌다. 만나서 얘기를 하고 싶었는데 자기 할 소리만 하고 전화를 끊어 버렸다.

　'목사'는 반드시 '목사님'이어야 하고, '용'은 곧 '사탄'이라는 획일적인 사고에 기가 막혔다. 물론 정신적으로 불완전한 어느 신자가 일으킨 일회성 사건일 수도 있다.

그러나 누가 이러한 유치한 편견을 교인들에게 심어 주었는지 울화가 치밀어 그날 내내 마음이 무거웠다. 한편으로는 비신자들인 동료 직원들의 기독교에 대한 시선이 여간 따갑게 느껴지는 게 아니었다.

주일 아침, 아파트 엘리베이터에 성경책을 든 교인이 탔다. 그 다음 층에서 역시 성경책을 든 교인이 탔다. 그들은 서로 아무 말도 하지 않고 침묵을 지키다가 내려서 각자의 길로 갔다.

어느 유원지에 교인들이 놀러 왔다. 그 옆에도 다른 교회 교인들이 자리를 잡고 즐거운 하루를 보냈다. 그리고 그들은 각각 돌아갔다.

결코 그냥 그렇게 지낼 사이가 아닌데, 그냥 외면하고 지내는 경우가 얼마나 많은가?

남아프리카공화국이 342년의 백인 통치를 마감하고 흑인 만델라를 대통령으로 선출했다. 흑인들은 네널란드인에 이어 영국인으로부터 가혹한 인종차별 통치를 받아왔다. 그런데 남아공화국의 지배층인 백인들은 대부분 기독교인들이다. 그런 그들이 흑인들을 얼마나 차별해 왔는지는, 아직도 백인과 흑인이 함께 예배를 드리지 못하고 있다는 현실이 잘 설명해 준다.

이 백인들은 갈라디아서 3장의 '종이나 자유인이나 그리스도 예수 안에서 다 하나'라는 말씀을 어떻게 해석하고 있는지 궁금하다.

타종교인을 '괴물' 대하듯이 하고, 같은 기독교 안에서도 다른 교단을 이상한 눈으로 보려 하고, 다른 교회를 형제 교회로 여기지 못하고, 같은 기독교인끼리 같은 공간에서 마주 하는 것을 어색해 하고, 피부색과 출신이 다르다고 상종도 하지 않으려는 행태는 성경의 가르침과는 분명히 거리가 있다.

기독교는 화해, 용서, 사랑, 평화의 참 종교다. 같은 것보다는 다른 것부터 보려는 관념, 나와 다른 것은 무조건 틀린 것이라는 관념, 상대를 아군과 적군으로만 구분하려는 관념은 참 신앙이라고 보기 어렵다.

오늘도 사이비 종교인들의 '아집'과 '독선'은 세계 곳곳에서 싸움, 증오, 다툼, 전쟁을 일으켜 귀중한 생명을 앗아가고 있다.

교회의 사명은 구도하는 참 신앙인을 양성하는 데 있지만, 사이비 종교 집단의 목표는 신앙인을 교세 확장 요원으로 전락시키는 데 있다.

그리스도인은 과연 이교도나 비신자, 다른 그리스도인들을 어떻게 대해야 하며, 그들과 어떻게 어울려 살아가야 할 것인가? 교회는 이 문제를 교인들에게 분명하고도 바르게 가르쳐 주어야 한다.

무식하다는 것

두레마을 김진홍 목사가 애용하는 농담 중에 '무식하면 용감하다' 라는 말이 있다. 정말 그런 것 같다. 정범석 선생은 무식한 사람을 이렇게 염려한다. "무식한 사람일 수록 흥분을 잘하고, 어떤 일을 결정함에 있어 깊이 생각하지 않는 경향이 있다. 그런 태도는 일을 그르치는 일이 많고, 그렇게 되면 고쳐 다시 시작해야 하니 작게는 개인 생활을 망치고 크게는 국사를 그르치는 경우까지도 있다."

서울대 이면우 교수는 '무식한 사람' 을 욕한다. 그가 말하는 무식한 사람이란, 학력이 낮은 사람이 아니라 주위로부터 선망의 대상이 되고 있는 명문대 출신자들이다. 그들이 지도자가 되면 국가와 사회의 장기적인 발전을 저해하게 되므로 우리 모두의 공적이라는 것이다.

그가 지적하는 세 가지 사례를 들어보자.

첫번째 사례는 무식한 사람이 전문직에 앉아 있는 경

우다. 이들의 취임사는 "이 분야에 대한 전문지식도 없고 여러모로 부족한 제가 중책을 맡게 되어 어깨가…."로 끝난다. 어찌 보면 겸손하게 들리지만 한 마디로 '무슨 일을 어떻게 해야 할지 모르겠다'는 말이다. 이런 사람이 책임자가 되면 전문지식을 쌓을 때까지 모든 일은 보류될 수밖에 없다. 왜 이런 사람을 지도자로 세워야 하는가?

두 번째 사례는 무식한 사람이 소신을 갖는 경우다. 식견이 부족한 사람이 소신을 갖는 것처럼 위험한 일은 없다. 무식하지만 다행히 소신이라도 없다면 주위에 물어보거나 공부라도 할 것이다. 그런데 무식하면서 소신만 있는 사람은 일을 하는 과정에서 모르는 일만 생기면 그놈의 '소신'을 들고 나온다. '누가 뭐라 해도 나는 이렇게 하겠다. 나는 비장하다' 이건 소신이 아니라 '고집'에 가깝다. 앞서 언급한 대로 무식하면 용감하다.

세 번째 사례는 무식한 사람이 부지런한 경우다. 무식한 사람이 부지런하면 여기저기 안 가리고 쫓아다니며, 이것저것 다 건드리며 사고를 저지른다. 게으르기라도 하면 저지르는 실수도 적을 텐데, 왜 그리 부지런한지 온 동네를 휘젓고 돌아다니며 오해, 불화, 갈등을 야기시키고 일을 그르친다. 열심이 항상 좋은 것은 아니다.

이제 교회도 전문성을 요구받고 있다. 교회 직분을 제

직의 실습장 정도로 알고 '아무에게나' 일을 맡길 경우, 겉으로 드러나지는 않지만 보이지 않는 손실이 클 수도 있음을 교회의 지도자는 알아야 한다. 무식한 사람을 겸손한 사람으로, 무식한 사람을 소신 있는 사람으로, 무식한 사람을 열심 있는 사람으로 혼동하면 그렇게 될 수밖에 없다.

뭐니 뭐니 해도 최악의 상황이란 목회자, 당회원, 그밖의 비중 있는 전문직을 무식성, 소신성, 근면성을 골고루 구비한 사람에게 맡기는 경우가 아닐까?

새로운 발견

'사촌이 논을 사면 배가 아프다'는 속담이 있다. 아무리 가까운 친척이라도 막상 그에게 좋은 일이 생기면 시기와 질투가 생기는 법이라고 이 속담은 가르친다. 그런 현상이 있기에 속담이 생겼겠지만, 그걸 가르치기에 그런 현상이 계속되는 건 아닌지 모르겠다. 그러니 이 따위의 속담은 아예 학교에서 가르치지 말았으면 좋겠다.

어느 주부대학에서 이런 얘기를 했더니 모두들 고개를 끄덕인다. 그런데 한 학생이 일어나, 자신이 우리나라의 속담을 연구해 봤다며 내 이야기의 잘못을 지적해 주었다.

원래 우리나라 사람들은, 사촌이 논을 사면 무엇을 도와줄지를 먼저 생각한 좋은 사람들이었다. 농경사회 시절에는 인분(人糞)이 소중한 거름이어서, 사촌이 논을 샀으니 인분이 더 필요할 수밖에…. 사촌을 도울 수 있는 방법이란 '뒷간'엘 자주 가서 거름을 만들어 주는 것. 그래서 배가 살살 아파온다는 뜻이라고 설명했다. 그렇게 좋은 의미의 속담이 그만 일제시대를 거치면서 왜곡되었다고 한다. 온 몸을 던져 사촌을 사랑하는 마음을 정반대로 해석하다니.

우리나라 사람이 이스라엘에 갔다가 민박을 하게 됐다. 저녁에 그 집 가족들이 다 모였기에 우리네 민속놀이 하나를 소개해 주었다. 나무를 잘라 윷을 만들고 윷판도 그려서 윷놀이를 재미있게 즐겼다.

그 다음날 저녁에 다시 윷놀이를 하자고 제의했더니 그 집 가장이 고개를 흔들었다. 이유를 물으니, 이렇게 대답했다.

"그런 식의 놀이란, 대개 말이 목표점에 먼저 도착한 편이 이긴다. 그런데 윷놀이는 빨리 갈 생각은 안하고 상대편 말을 잡아먹으려고 혈안이다. 상대 말을 잡아먹기 위해 먼길도 돌아가려고 한다. 한 마리가 한 마리를 잡아먹는 건 그래도 괜찮다. 한 마리가 한 쌍도 잡아먹고 심지어 네 쌍도 잡아먹는다. 공정하지 못한 게임이다."

그것이 윷놀이의 묘미가 아니겠느냐고 반문을 하자, 그는 이렇게 말했다.

"아무리 그렇다고 해도, 고생해서 골인 지점에 도달해 있는 말을, 어떻게 이제 막 출발하려는 말이 '빠꾸해서' 잡아먹는단 말인가? 아이들 교육상 별로 좋지 않은 것 같다."

'2+3=?' 이 문제를 풀라면, 대개는 '5'라고 답하고 만다. 그렇지만 이 문제의 답은 수없이 많다. 1+4, 1.1+3.9, 10-5, 1×5, 10/2 등…. 평생 풀어도 다 풀 수가 없을 정도다. 그런데도 우리는 별 생각 없이 '공식'으로 답을 단정해 버리고, 더 많은 가능성은 묻어 버린다.

사람은 반복적인 경험이나 습관에 대단히 취약하다. 반복이 계속되면 사람들은 그것을 예외가 없는 '진리'로 쉽게 인식해 버린다. 더 많은 가능성을 찾으려면 '공식'을 깨야 한다. 공식이란 남들이 내려 준 결론이다. '공식'을 맹신하지 말고 새로운 시각으로 더 많고, 더 깊고, 더 넓은 세계를 찾아보자.

교인 흉보기

교회는 다양한 사람들의 집합체다. '다르다'는 것이 반드시 '틀린 것'이라고 할 수는 없다. 그러나 그 '다르다'는 것이 언제나 옳은 것도 아니다. 우리 그리스도인들은 다른 교인들이나 비신자들에게 비친 자신의 모습에 대해 별로 신경을 쓰지 않으려는 경향이 있다. 뒤에서는 말이 많지만, 교인들끼리 서로 지적해 주기를 꺼려한다. 고정관념을 깨는 열쇠의 하나는 "다른 쪽에서 보면 어떻게 보일까?"라는 문제의식이다. 필자가 조사한 '꼴불견 교인'의 유형을 소개해 본다. 필자에게는 꼴불견으로 보이지만 당사자로서는 나름대로 '소신 있는', '의미 있는' 행동일 수도 있다. 그러므로 지나치게 '옳다, 그르다'의 구분을 하지 말고 가볍게 읽어 주었으면 한다.

그리고 아무리 소신이 있는 교인이라도, 다른 사람의 눈에 그것이 왜 '꼴불견'으로 보이는지 한 번쯤은 관심을 가져 봐도 크게 밑질 것은 없을 것이다.

▪ 함께 소리내어 기도할 때, 다른 사람 생각은 조금도 하지 않고 고래고래 소리지르며 기도하는 교인. 다른 사람의 기도에 방해가 된다는 생각을 왜 안 할까?

▪ 대표 기도 할 때마다 기도문이 언제나 똑같은 교인. 세상은 하루가 다르게 변하지만, 기도문은 일점 일획도 변할 수 없다고?

▪ 승용차 뒷유리 앞에 성경과 찬송가 전시해 놓고 다니는 교인. 거기에 놓고 다니면 좀처럼 읽어 볼 수가 없을 텐데. 혹시 성경, 찬송가를 부적으로 여기는 건 아닌지.

▪ 승용차 뒷유리에 '내 탓이오' 스티커를 붙이고 다니는 교인. 무엇을 잘못했는지는 모르지만, 거기에 붙여 놓으면 자신에게는 보이지 않을 텐데. 혹시 뒷차에게 '네 탓이오' 라고 미루는 건 아닌지.

▪ 예배 시작하기 전 모두가 조용히 기도하고 있을 때, 참으로 용감하게 커다란 목소리로 "준비찬송 ○○장 부르겠습니다"라고 외쳐야 직성이 풀리는 교인.

▪ 직장에서 회사 일은 제쳐 놓고 교회 일을 더 열심히 하는 교인. 고용계약 위반은 아닌지….

▪ 직장에 전화를 걸어 '아무개 집사 바꿔 달라' 는 교인. 그가 교회에서나 '집사' 지, 그 회사에서도 '집사' 인가?

▪ 금요일 저녁 철야기도회를 다녀온 관계로, 토요일 회사에 출근하여 피곤해 하며 퇴근 시각만 기다리는 교인.

그 옆에서는 전날 과음을 한 사원이 마찬가지로 시계만 들여다보며 졸고 있고….

▪ 커피 한 잔을 받아 놓고는 참으로 오랫동안 기도를 하는 바람에 다른 사람들도 커피를 못 마시고 기다리게 하는 교인.

▪ 한번 대표 기도 시켜 놓으면 끝날 줄 모르는 교인. 특정 정당을 지지하는 교인.

▪ 회식 석상에서 찬송가만을 부르는 교인.

▪ 자신이 운영하는 기업의 상품 광고 문안에 자신이 '장로', '안수 집사'임을 표기하는 교인. 또는 성경 말씀을 광고 문안에 넣는 교인. 그래서 어떻게 하라는 말인지.

▪ 감사 헌금을 내면서 봉투에 회사 이름을 써 내면서 회사를 광고하는 교인.

▪ 운전기사는 차 안에서 기다리게 해 놓고, 자기네만 예배드리고 나와 승용차를 타고 귀가하는 교인.

▪ 하나님께 기도할 때, 성경 말씀을 들먹이며 하나님을 일일이 가르치고 교인들에게 설교를 하는 교인.

▪ 예배 시간에 사방을 두리번거리면서 누가 빠졌는지 출석을 점검하고, 빠진 사람을 만나 한 마디씩 해 주는 교인. 걱정인지 비난인지….

▪ 서로 무슨 비밀이 있기에 예배 시간에 부부가 멀찌감치 떨어져 앉는 교인.

▪ 교회에서 출간되는 회보를 개인 홍보물로 착각하는 목회자. 한 사람의 설교문, 한 사람에 관한 기사, 한 사람의 사진이 지면의 대부분을 차지한 간행물을 교인들이 열심히 읽을 것이라고 생각한다면 큰 착각일 것. 아무도 읽지 않는 회보(會報)라면 회보(灰報)일 뿐.

▪ 예배 시작 전에 강단에 올라 의자 방석에 머리를 박고 기도하는 교인. 방석에서 냄새가 날 텐데….

▪ 예배를 인도하면서 마이크에 대고 찬송가를 혼자 외쳐 대는 교인. 노래방도 아닌데…. 소음 공해라는 생각은 왜 안 하는지.

▪ 설교를 하다가 교인들을 무섭게 째려보며 '아멘!'을 강요하는 설교자. 자발적인 '아멘!'이 나오지 않는 건 이미 커뮤니케이션이 잘 안 되고 있다는 얘긴데 억지로 그렇게 한다고 설득이 될까?

▪ '은혜스럽게'를 부르짖으며 매사를 대충 대충 적당히 처리하는 교인. 그래서 일을 철저하게 처리하는 사람을 언제나 맥빠지게 하지.

▪ 교회 일을 창의적으로 의욕적으로 해 보려는 사람에게, 산전수전 다 겪어 본 도사 같이 "교회 일이란 다 그런 것이야"라며 찬물을 끼얹는 교인.

▪ 성경 공부반 수료를 취미로 삼는 사람. 아는 게 많다 보니 가끔은 어려운 질문으로 강사를 골탕 먹이면서 실

천은 절대 안 하는 교인.

▪ '목사' 보다 '박사' 나 '회장' 으로 불리기를 좋아하는 목사. 그래서 명함이나 주보에도 '담임목사' 대신 '당회장' 이나 '목회학 박사' 라고 써 넣는군.

▪ 설교 준비는 하지만 예배 준비는 전혀 하지 않는 목회자. '설교가 곧 예배' 라고 착각하는 건 아닌지. 예배 중에 찬송가를 뒤적거리며 고르기도.

▪ 연상의 교인에게조차 경어를 사용하지 않고 말을 놓는 목회자. 그래서 교인들이 자꾸 피하는 줄은 모르고.

▪ 학교에 촌지 갖다 주던 버릇 못 버리고, 교회에서도 툭하면 목회자에게 돈 봉투를 찔러 줘 목회자를 타락시키는 교인.

▪ 교회에 찾아온 걸인에게 100원짜리 동전 하나 건네주고 보내는 교인.

▪ 계산기 들고 수입의 1원 단위까지 철저히 계산하여 십일조를 내는 교인. 계산이 무척 철저한 부자(父子) 사이로군.

▪ 교회 일로 언제나 피로가 쌓여 병색이 심한 표정인 교인.

▪ 기독교 영화만 보는 교인.

▪ 성경책 이외의 책하고는 담을 싼 교인.

▪ 금십자가 배지를 만들어 양복에 달고 다니는 교인.

- 부자 교인과 가난한 교인을 차별하는 목사.
- 다른 교회 목사에게 월 사례비가 얼마인지, 출석 교인이 몇 명인지를 묻고 비교하는 목사.
- 상점에서 물건값을 지나치게 깎는 교인.
- 생전 나무는 심지 않으면서 기도원에 올라가 기도하며 남이 심어놓은 소나무 묘목을 다 뽑아 버리는 교인.
- 대표 기도 하면서 목회자만을 위하여 기도하다 시간 다 보내는 교인.
- 자기는 할 짓 못할 짓 다하면서 '목사 아들이…', '장로 부인…'이라며 틀에 가둬놓고 비판하는 교인.
- 문 밖에서 목탁 뚜드리는 중 전도하겠다며 시비 거는 사람.

변화의 틈새

조직마다 꿈과 비전을 갖고 조직의 미래를 걱정하며, 조직의 개혁과 발전을 위해 스스로 사명감에 타오르는 선도자가 3~5퍼센트 정도는 된다. 그리고 90퍼센트는 남이 불을 붙여 줘야 타오른다. 이들은 변화를 받아들이는 속도에 따라 빠른 수용자, 중간 수용자, 늦은 수용자로 나눠 볼 수 있다.

문제는 남이 불을 붙여 줘도 타오르지 않거나, 모처럼 붙은 남의 불마저 꺼버리는 반대자다. 조직 구성원의 7~5퍼센트에 해당하는 이들은 새로운 생각이나 변화가 이미 수용되어 실현되고 있는데도 여전히 '아, 옛날이여!'를 회상하며 반대만 한다.

개인이든 조직이든 변화에 대처하는 유형에는 네 가지 타입이 있다. 첫째는 저항하는 타입으로 이러한 개인이나 조직은 도태하고 만다. 둘째는 변화에 대처하는 타입이다. 이 경우는 간신히 생존할 수 있다. 셋째는 변화에 적응을 하는 타입이다. 이 경우는 현상 유지에 그친다. 넷째는 변화를 적극적으로 수용하는 타입이다. 이 경우는 생존에 현상 유지는 물론이고 발전이 가능하다.

어느 조직에든 진보적인 성향과 보수적인 성향의 구성원이 있기 마련이다. 우리는 새로운 생각이나 변화를 얼마나 적극적으로 빨리 받아들이느냐로 진보파와 보수파를 구분한다.

물론 변화가 모두 옳은 것은 아니다. 그러나 변화란 어떤 사람에게는 위기가 될 수도 있지만, 또 기회가 될 수도 있다. 그렇기 때문에 변화 자체를 무조건 거부하는 사람에게는 찬스가 오지 않는다. 위기가 올 뿐이다. 지구 환경이 변할 때 적응하지 못했던 공룡이 멸종했듯이, 무엇이든 환경이 바뀔 때 적응하지 못하면 살아남을 수 없는 것이다.

지금 우리 교회를 둘러싼 환경은 하루가 다르게 변화하고 있다. 이런 상황에서도 애써 변화를 외면하거나, 변화에 대해 의연하게 저항하며 버티는 것이 신앙인의 절개인 것으로 착각한다면 교회는 공룡의 운명을 맞을 수밖에 없다.

본질도 아닌 수단을 붙잡고 절대 불변만을 외치는 건 보수주의가 아니다. 그럼 뭔가? 아무것도 아니다.

변화 수용을 가장 심하게 거부하는 계층은 언제나 기

득권자다. 가진 것을 잃게 될까봐 저항하는 것이다. 교회 내에서 기득권자가 누구일지 생각해 보자.

내가 움켜쥐고 있는 것, 내가 누리고 있는 기득권을 모두 포기하고 새로운 생각에 귀를 기울이고 변화에 주목하자. 그래야만 교회가 새로워질 수 있다. 늘 그래 왔다는 것, 전통이라는 것을 진리로 착각해서는 곤란하다. 변화 속에는 반드시 발전으로 인도하는 틈새가 있다. 새로운 시각으로 그것을 찾아보자.

바쁘다 바빠

삼성그룹이 7시 출근, 4시 퇴근제를 처음 실시할 때, 퇴근 시각이 지나도 퇴근을 안 하고 있는 이들이 적지 않았다. 40대 후반, 50대 초반의 간부사원들이었다.

20년 이상을 집과 회사만 오가던 야행성 기성세대인데, 해가 중천에 떠 있는 오후 4시에 퇴근하라니 얼마나 황당했겠는가? 오로지 일만 하며 바쁘게 살아오다 보니 막상 시간적 여유가 생겨도, 그 시간에 무얼 하고 지내야 할지 대책이 서지 않더라는 것이다.

그러나 신세대 사원들은 일찍 퇴근하여 아르바이트도 하고, 공부도 하고, 취미생활도 하면서 여가를 잘 사용하더라고 한다.

요즘 신세대 직장인들은 정말 바쁘게 산다. 이들은 집과 회사만 오가던 기성세대와는 다르다. 퇴근 후는 물론이고 점심시간이나 출근 전 새벽 시간을 잘 쪼개 쓴다. '두 탕 뛰기'는 보통이다. 주말은 물론이다.

신세대들은 시간을 돈만큼이나 중시한다. 이들은 분초를 다투는 시간의 강박관념 속에서 성장했다. 어린 시절 놀지도 못하고 학원을 순례하며 바쁘게 보냈다. 그러한 보상 심리로 자기 시간을 소중히 여긴다. 그래서 신세대들은 데이트 신청을 할 때, "나 지금 무척 바쁘지만 너에게 만큼은 시간을 낼 수 있어"라고 한다.

바쁘게 사는 데 익숙하다 보니 자연히 동시에 여러 일을 진행하는 기술도 갖고 있다. 음악을 들으며 공부를 하고, 텔레비전을 보면서 숙제를 하고, 카세트 테이프를 듣고 책을 본다. 이런 동시다행(同時多行, Multi-tasking)은 집중력과 인내력의 부족을 초래하게 됐다. '쿼터리즘 (Quarterism)'이라는 말은 15분을 참지 못하는 신세대들의 인내력 부족현상을 의미한다.

신세대에게 있어 개인 시간은 황금과도 같다. 신세대에게 있어 퇴근 시각은 본격적인 사생활의 시작을 알리는 신호등이다. 신세대들은 여가와 일, 공과 사를 명확히 구분해 주고 개인 시간을 보호해 주기를 원한다.

누구나 그렇겠지만 신세대는 일이나 돈보다 여가를 선호한다. 여가를 위해서는 오늘 일도 내일로 미룰 수도 있다고 생각한다.

신세대가 이처럼 일보다 놀이를 중시하는 건, 평생 일에 치여 불쌍하게 살아온 아버지 세대에 대한 부정적 시각 때문이다. 집 한 칸을 위해 평생을 허리띠를 졸라매고 산다는 것은 의미가 없다고 본다. 그래서 직장선택에도 월급의 많고 적음보다는 자기 생활을 즐길 시간의 보장 여부에 관심이 많다.

　모두가 그런 것은 아니겠지만, 신세대들의 이러한 근로 의욕상실 현상은 앞으로 어느 조직이든 인사관리의 기본틀을 뜯어 고치지 않으면 안 되는 과제를 던져주고 있다. 교회도 예외가 아니다.

관점 바꾸기

    수년 전 해외에 나갔다가 어느 호텔에서 재미있는 경험을 했다. 샤워를 하려고 화장실에 들어갔는데, 앞뒤 좌우는 물론이고 바닥과 천장까지 거울로 되어 있었다. '거울 속에 또 거울'의 현상이 나타났다. 신기하게도 거기에서 수많은 '나', 서로 다른 '나'를 발견할 수 있었다. 평소 보지 못했던 나의 옆모습, 뒷모습은 물론이고 위에서 본 나의 모습, 그리고 아래에서 본 나의 모습을 볼 수 있었다. 그것도 벌거벗은 모습을 말이다.

    다양한 나의 모습을 보면서 내가 생각하는 나의 이미지와 다른 사람들이 생각하는 나의 이미지에는 상당한 차이가 있을 것이라고 생각했다. 내가 아는 나의 모습이란 늘 거울에서 바라본 정면의 모습, 그것도 좌우가 바뀐 모습이다. 그러나 사람들의 머리 속에는 그들에게 비친 나의 앞 뒤 옆 모습이 각인되어 있을 것이다.

    우리가 바라보는 이 세상의 사물이나 현상은 대부분 바

라보는 각도에 따라 얼마든지 다르게 보인다. 동전의 모습
이 좋은 예다. 동전의 모습을 그림으로 그려보라면 사람들
은 대부분 동전의 넓은 면인 원의 모습을 생각하기 쉽다.
그러나 어떤 사람에게는 가로 1mm, 세로 20mm의 굵은
선으로 연상될 수도 있다. 말하자면 동전의 옆모습이다.
그렇지만 동전을 원형으로 그린 사람들은 측면에서 보고
그린 이 그림을 잘 용납하지 않으려 한다.

　고정관념이라는 말은 유연하지 못한 사고를 의미하기
도 하지만, 사물이나 현상을 바라보는 시각을 한 곳에서
다른 곳으로 옮기지 못하는 것도 가리킨다. 고정된 시각
이란 정말 위험한 것이다.

　다음 그림은 여러 개의 정육면체를 잘 정리하여 쌓아
놓은 것이다. 이 그림에서 눈에 보이는 정육면체는 몇 개
인가? 여섯 개로도 보이지만 일곱 개로도 보인다. 잘 안
보이면 위 아래를 돌려 놓고 보라.

〈그림〉

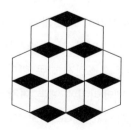

왜 남의 아내가 더 예뻐 보이는가?

남편들에게는 아무래도 남의 아내가 더 예뻐 보일 수밖에 없다. 물론 다 그런 것은 아니겠지만…. 남편과 아내는 서로 성(性)이 다르고 서로가 상대를 바라보는 관점도 다르다.

예를 들자면 남편은 비디오, 아내는 오디오다. 아내들은 귀가 발달되어 있고, 남편들은 눈이 발달되어 있다. 아내들은 처음 만난 날 남편이 한 말을 녹음해 놓고 살지만, 남편들은 처음 만난 날 아내가 한 말이나 자기가 아내에게 한 말은 잘 기억해내지 못한다. 오히려 그날 그녀의 모습을 머리 속에 사진같이 기억해 놓는다. 살아가면서도 남편이 무심코 지나가면서 한 말까지도 아내는 그대로 기억해 내 남편을 곤혹스럽게 하곤 한다.

그런가 하면 남편은 텔레비전에 예쁜 여자라도 나오면 그쪽으로 눈길을 고정시키고, 육교 위로 미니 스커트라도 입은 여인이 올라가면 거기로 눈길을 돌린다.

그러니 남편은 아내를 마음으로만 사랑해서는 자칫 오해를 받기 쉽다. 자주 말로 사랑을 표현해야 효력이 있다. 아내도 항상 좋은 모습을 보여 주기 위해 노력해야 한다. 한 번 찍어놓은 비디오 테이프는 잘 지워지지 않듯이 자기 아내보다 남의 부인이 더 예뻐 보이는 이유가 여기에 있다.

아내의 화장 시간이 문제다. 공교롭게도 아내는 남편이 출근한 뒤에 아름답게 꾸민다. 그리고 남편들이 퇴근할 무렵에는 그 아름다움을 지워버린다. 남편들이 낮에 집 바깥에서 만날 수 있는 남의 아내들은 모두 아름답게 화장을 한 상태다. 그러니 남편들은 집에서 본 아내의 꾸밈없는 모습과 예쁘게 꾸민 남의 부인을 동일 선상에 놓고 비교할 수밖에 없다.

요즘 우리나라는 부정부패로 온 나라가 고생을 하고 있다. 부정부패는 많은 권한을 쥐고 앉아 있는 힘있는 쪽이, 힘이 없는 상대방에게 허가를 해 줄 때에 많이 발생한다. 정부나 기업이 부정을 조사하기 위해 벌이는 감사(監査)는 대부분 '왜 해 주었는가?'의 관점에서 본다. 즉, 해 주지 말아야 할 것을 해 주었는지를 조사한다. 그러나 선진국의 감사는 '왜 안 해 주었는가'를 본다. 당연히 해 주어야 하는데, 왜 안 해 주었는지를 따지는 것이다. 가급적 못하게 하는 걸 하고 월급을 받는 공무원이 있는가

하면, 가급적 하도록 돕는 걸 자신의 일이라고 생각하는 공무원이 있다.

관점의 차이는 엄청나게 다른 결과를 초래한다. 관점의 차이는 역사(役事)와 역사(歷史)를 바꾼다.

교회의 지도자들이, 교인들에게 신앙이라는 이름으로 고정적인 관점과 사고의 틀을 갖게 하지는 않는지 잘 생각해 봐야 할 것이다.

다수결과 소수결

요즘 우리 사회가 여러모로 몸살을 앓고 있다. 서구인들이 수백 년 동안 많은 대가를 치러가며 성취해 온 민주주의를 몇십 년 만에 정착시키려니 이런 아픔은 불가피한지도 모르겠다. 어떻게 하면 서구인들이 겪은 시행착오를 되풀이하지 않을 것인가?

'다수결'은 민주주의의 정치, 경제, 사회 전반에서 가장 소중히 여기는 원칙이다. 이 원칙은 교회 내에서도 매우 중시되고 있다.

그러나 이 원칙은 비교적 나은 방법일 뿐 완벽하고 완전한 것은 아니다. 다수결은 더 많은 사람들의 생각이 전체를 대표하는, 즉 51퍼센트가 49퍼센트를 지배하는 원칙이다. 예수님을 십자가에 못박은 것이 바로 다수결의 원칙이 아니었던가?

다수결의 원칙은 때때로 폭력과 독재의 근거가 되기도 한다. 사회나 교회에서 이 원칙이 맹신되고 남용되어 비극을 잉태하는 일이 얼마나 많은가. 우리는 '소수'를 얼마나 깔보고 무시하고 있는가? '소수'가 살아나는 것을 얼마나 짓누르고 있는가?

문민정부 시절, 필자는 '소산(小山)'으로 불리는 대통령 아들이 저지른 일련의 사건이 드러나는 걸 보면서, 그동안 한 일간지가 외롭게 벌여온 그와의 투쟁을 생각했다. 어느 언론도 동조하지 않는 가운데 《한겨레신문》만이 그의 부당한 국정간섭을 끈질기게 보도해 왔고, 소산은 명예훼손으로 고소까지 하면서 신문사를 압박했다. '소수'의 외로운 투쟁이 없었다면 이 사건은 끝내 드러나지 않았을 것이다.

우리는 의로운 '소수'를 얼마나 지지해 주었는지 반성해 볼 필요가 있다. 우리 '다수'는 의로운 '소수'를 '모가난 사람', '화합하지 못하는 사람', '문제아' 등으로 매도하고 누름으로써 그들을 외롭게 하는 수가 많았다. 그러나 역사상 선지자는 언제나 소수였고 예수님 역시 외로운 소수에 속하셨다. 기독교는 어떻게 보면 소수결의 종교이지 다수결의 종교는 아니다. 교회가 교인들에게는 '좁은 길'을 걸으라고 가르치면서도, 교회의 모든 일을 '다수' 위주로 처리하는 수가 얼마나 많은가.

예수님은 잃어버린 양 한 마리의 비유를 통하여 '소수'에 대해 깊은 관심을 갖도록 가르치셨다. 교회 내의 모든 문제를 다수결에 절대적으로 의존하는 교회는 민주주의의 교회일 뿐이다.

교회든 사회든 외롭고 의로운 소수의 목소리를 경청해야 거기에서 하나님의 뜻을 살필 수 있을 것이다.

문제의식과 비판

"우리의 겉사람은 낡아 가나 우리의 속사람은 나날이 새로워 갑니다."(고후 4:16) 그리스도인이나 교회의 생명은 날마다 새로워지는 데 있다. 그러나 저절로는 새로워지지 않는다. 문제의식을 가져야 새로운 것을 볼 수 있다.

'왜 그럴까?', '지금 이대로가 좋은가?', '꼭 이래야 하나?', '다른 쪽에서 보면 어떻게 보일까?' 하는 의문과 문제의식을 가져야, 우리는 본질과 원래 모습을 제대로 발견할 수 있을 것이다. 진리에 대한 새로운 발견은 우리에게 행복과 기쁨을 준다.

문제의식이 없는 조직은 개혁이나 개선을 이룰 수 없으며, 문제의식이 없는 개인에게서 회심을 기대할 수는 없다. 그러한 개인이나 조직은 '신앙적인 죽음의 상태', '정신적인 죽음의 상태'에 이르기 쉽다.

그런데 문제를 발견하지 못하는 건, 문제의식을 갖는 소수의 사람을 '비판자'로 매도하려는 경향 때문이다.

'문제의식'과 '비판의식'은 근본적으로 다르다. 비판이 미움, 파괴, 방해, 퇴보를 동기로 한다면 문제의식은 발전, 성장, 성숙을 지향한다. 비판이 자신을 빼고 남만 비난하는 것이라면, 문제의식은 자신도 책임을 분담하면서 문제를 제기하는 것이다.

비판이 본질이 아닌 부분을 향해 주관적으로 접근한다면, 문제의식은 전체적인 시각을 갖고 본질적인 내용을 향해 객관적으로 접근하는 것이다. 비판이 '이런 것이 잘못 됐다'며 잘못을 지적하고 잘잘못을 가리는 부정적인 평가라면, 문제의식은 '이렇게 하자'는 창조적 해결 방안도 함께 제시하는 적극적이고 긍정적인 노력이다.

따라서 문제의식은 단기적으로는 갈등을 초래할지 모르지만, 장기적으로는 발전과 성숙을 이끌어 낼 수 있다. 문제의식을 갖지 않으면 단기적으로는 평온할지 모르지만, 장기적으로는 미숙한 상태를 벗어나지 못해 서서히 퇴보하고 만다. 비판자가 많은 조직은 망하지만, 문제의식자가 많은 조직은 나날이 성숙하고 발전한다.

개인이나 조직과 사회가 망하는 건 문제가 많아서라기보다는 그러한 문제를 발견하지 못하고, 나아가 그 문제를 해결할 아이디어를 찾지 못해서라고 할 수 있다. '小山'에 대해 누군가 일찍이 문제를 발견하고 용기 있게 제지했더라면, 우리나라가 이처럼 어렵게 되지는 않았을 것이다.

모든 사물을 처음 보듯이 바라보자

사람의 인식이란 대부분 상상에 의해 단편적으로 융합되어 형성된다. 상상, 소문, 전해들은 이야기란 사실 신뢰할 수가 없는 것이다. 그런데도 사람은 스스로 경험하여 과학적으로 분석을 해 보지 않았으면서 상상, 소문, 간접 경험으로 하나의 '틀'을 만들고 그걸 완벽한 기준으로 삼으려 한다. 그런가 하면 그런 '틀'로 사물을 먼저 규정하고 나서 사물을 보기도 한다. 빨간 안경을 쓰고서 세상을 보면, 세상이 빨갛게 보일 수밖에 없다.

▪ 무사고 비행 기록이 있다. 그 기록은 거리로 표현된다. 무사고 80,000km 기록자와 무사고 120,000km 기록자가 있다고 하자. 사람들은 무조건 후자를 신뢰할 것이다. 그러나 전자가 1,000km를 80회 비행한 조종사이고, 후자가 10,000km를 12회 비행한 조종사라면 이야기

가 달라진다. 비행 거리도 중요하지만 비행 횟수는 더욱 중요할 수 있기 때문이다. 무사고 120,000km 기록자와 사고 경력 1회의 150,000km 경력자를 비교한다면 문제는 더욱 달라진다. 개인택시 제도가 처음 실시될 때 그 자격이 예를 들면 5년 무사고, 10년 무사고였다. 소정의 기간 동안 사고를 한번도 내지 않은 사람에게만 개인택시를 운영할 수 있는 자격을 주었다. 그 결과 운전 면허만 내놓고 별로 운전을 해 보지 않은 사람들이 개인택시 면허를 얻을 수 있었다. 아무것도 하지 않은 사람에게는 실패도 없다. 정말 우수한 운전자는 사고를 내본 역전의 용사가 아닐지. 그렇다고 해서 상습 사고 운전자가 우수하다는 건 결코 아니다. 표탄은 한번 떨어진 자리에는 다시 떨어지지 않는다고 한다. 확률이 낮아지는 것이다. 오히려 한번도 폭탄이 떨어지지 않은 자리가 더 위험하다. 야구에서도 직전 타순에서 안타를 친 선수보다는, 부진을 면치 못하는 타자가 안타를 칠 확률이 높다고 한다. 무사고 기록이 곧 무사고 운전이란 생각도 이렇게 보면 고정관념이다.

▪ 언젠가 대학 입학을 시험문제에, 등고선을 보여 주고 거기에 경작할 수 없는 농작물을 보기에서 고르라는 문제가 나왔다. 가령 해발 800m의 고지에서 기를 수 없는

농작물은 '벼'라는 것이다. 이러한 식의 교육이란 고정관념을 심어 줄 뿐이다. 해발 800m에 무엇이든지 심을 수 있다고 가르치는 것이 교육이 아닐까. 벼도 심을 수 있다고 가르쳐야 한다. 기온이 낮으면 비닐 하우스를 하면 되고, 물이 없다면 물을 끌어오면 될 것이 아닌가.

▪ 요즘 '눈 높이'라는 말이 유행한다. 사물을 상대방의 시각에서 보자는 뜻에서 나온 말이다. 어떤 사람이 크리스마스 이브에 어린아이를 데리고 시내를 구경하러 나갔다. 도시에는 사람들이 붐볐다. 아이의 손을 잡고 휘황찬란한 밤거리를 돌아다닌 후 집에 돌아갔다. 그런데도 아이는 조금도 즐거워하지 않았다. 키가 작은 그가 엄마의 손에 이끌려 다니면서 구경한 것이라곤 사람들의 엉덩이뿐이었다. 우리들은 상대방의 시각을 고려하지 않고, 우리의 시각만으로 사물이나 현상을 바라보고 판단하려는 경향이 많다.

▪ 야구는 일본 사람들의 표현법이다. 일본인들은 야구를 '야구(野球)', 즉 '마당과 공'으로 본다. 그러나 미국인들은 '베이스볼(Base-ball)', 즉 베이스와 공으로 본다. 중국인들은 야구를 뭐라고 부를까? 중국인들은 '봉구(棒球)'라고 하며 즉 방망이와 공으로 본다. 사물을 바로 보

는 시각은 이렇게 다르다. 그런데 우리는 일본을 따라서 그냥 '야구' 라고 한다.

* 어떤 나라에 운동화를 갖다 팔기로 하고 물건을 한 보따리 들고 들어갔다. 그러나 세관에서 통과를 시켜 주지 않았다. 운동화의 수입이 금지되어 있다는 것이었다. 또 한 사람이 운동화 한 보따리를 들고 들어갔다. 역시 세관에서 문제를 삼았다. 그는 보따리 안에 들어 있는 신발을 꺼내 보였다. 모두가 왼쪽 신발이었다. 왼쪽 신발이 아무리 많으면 무엇 하느냐고 반문을 하면서, '샘플' 이라고 양해를 구했다. 세관원은 그대로 통관을 해 줄 수밖에 없었다. 얼마 후 그는 오른쪽 운동화를 역시 그런 식으로 통관할 수 있었다. 운동화는 반드시 한 켤레씩 수출해야 한다는 생각만으로는 문제가 해결되지 않는다.

* 소매치기를 하다가 징역을 살고 나온 사람이 있다. 교도소에서 복역을 하면서 진정으로 잘못을 뉘우치고 출옥해서 결혼도 했다. 직장에서 버스를 타고 퇴근을 하던 날이었다. 버스 안에서 소매치기 사건이 벌어졌다. 운전기사는 버스를 곧바로 파출소 앞에 댔다. 잃어버린 지갑은 버스 바닥에 떨어져 있었지만 이미 지갑에는 돈이 들어 있지 않았다. 경찰은 신분증 검사를 하면

서 용의자 몇 명을 내리게 하고는 승객들을 보냈다. 신원조회 결과 소매치기 전과자가 탔다는 사실이 밝혀졌고 그는 결정적인 범인으로 지목됐다. 빠져나갈 방법이 없었다. 곤욕을 치른 그는 그 다음부터 시내버스를 타지 않는다.

▪ 고정관념에서 벗어나는 방법은 '영점 사고(0-base, 思考)'를 갖는 것이다. 모든 사물을 처음 보는 것같이 바라보고, 모든 일을 처음 시작하는 것처럼 시도하고, 모든 사람을 처음 만난 사람같이 대하는 것이다.

관점을 바꾸면 세상이 달리 보인다

▪ 다음 수열은 무엇을 의미하는가? 규칙을 찾아보라.

131	228	331	430	531	630
731	831	930	1031	1130	1231

복잡한 수학 공식을 적용해 봐야 풀리지 않는다. 달력에 나와 있는 매월의 날수(日數)를 적어 놓은 것에 불과하기 때문이다. 때로는 이처럼 간단한 문제도, 이미 알고 있는 지식 때문에 풀지 못하는 경우가 많다. 때때로 고도의 전문지식이 오히려 고정관념이 되기도한다.

▪ 다음에서 과연 M의 값은 얼마일까?

K1=9   K2=7   M=?

이 문제는 방정식이 아니라 텔레비전 방송의 채널을 적은 것에 불과하다. KBS 1-TV의 채널은 9이고, MBC

TV의 채널은 11이다. 수학적인 지식이 오히려 이 간단한 문제를 풀지 못하게 방해한다.

■ 크기와 길이가 같은 6개의 막대 수수깡이 있다. 이것으로 원을 만들어 보라. 6개의 수수깡으로 동그란 원(圓)을 만들기는 어려울 것이다. 그러나 여기에서 말하는 원이란 화폐의 단위 표시인 원(₩)을 말한다.

■ 어느 관점에서 보느냐에 따라 사물은 얼마든지 다르게 보인다. 나를 어디에 놓고 사물을 보느냐가 중요하다.
〈그림1〉의 경우, 검은 부분에 관점을 두면 보면 마주보는 두 사람의 얼굴로 보인다. 그러나 흰 부분에 관점을 두면 촛불 모양으로 보인다.
〈그림2〉의 경우, 검은 부분에 관점을 두면 남자의 얼굴이, 흰 부분에 관점을 두면 여자의 얼굴이 보인다.

〈그림 1〉   〈그림 2〉

〈그림3〉

〈그림4〉

〈그림3〉은 웃고 있는 얼굴 그림이다. 그러나 이 그림을 거꾸로 보면 찡그린 얼굴로 보인다. 이 그림을 가운데에 두고 누군가와 함께 보고 있다고 하자. 그에게는 찡그린 얼굴로 보일 것이다. 그들은 서로에게 보인 얼굴 표정으로 이 그림을 각각 규정하고 서로 다툴지도 모른다.

〈그림4〉는 자세히 보면 바깥으로 향하는 검은 화살표가 보인다. 그러나 흰 부분을 자세히 보면 안쪽으로 향하는 흰 화살표가 보일 것이다. 사물을 한 쪽에서만 보고는 정확히 이해하고 판별할 수 없다. 앞에서, 뒤에서, 옆에서, 위에서, 아래에서 다각적으로 바라봐야 사물의 참 모습을 제대로 이해할 수 있다.

▪ 우리는 흔히 어떤 법적인 문제가 생기면 변호사의 필요성을 생각한다. 말하자면 변호사는 곧 문제의 해결사라는 생각을 하는 경향이 있다. 그래서 일을 다 저질러

놓고서야 변호사를 찾는 게 보통이다. 그러나 변호사의 진정한 역할은 법적인 문제가 발생하지 않도록 사전에 예방하는 것이다.

﹡건설현장에서 가장 자주 볼 수 있는 문구가 '안전제일' 일 것이다.

안전사고의 예방을 위한 표어다. 그런데 이 말은 영어의 'Safety First'를 번역한 것이다. 엄격히 말해 '안전제일' 이라는 뜻과는 거리가 있다. '안전 먼저' 혹은 '먼저 안전' 이라고나 할까? 일본인들이 쓰던 걸 별 검토없이 그대로 받아들여 사용하고 있는 사례의 하나다.

﹡다음 그림은 우리나라 지도. 학교에서 공부를 하면서 이런 지도를 본 적이 거의 없을 것이다. 우리가 보아온 지도는 언제나 백두산이 위쪽에 있고 한라산이 아래쪽에 있는 것이다. 그러나 우리나라 지형의 실물은, 바라보는 곳이 어느 쪽이냐에 따라 얼마든지 다를 것이다. 백두산이 아래쪽으로 갈 수도 있고, 백

두산이 오른쪽으로 갈 수도 있는 것이다. 우리나라 지도
의 위쪽에는 반드시 백두산이 있다는 생각이야말로 교
육을 통해 형성된 대표적인 고정관념의 사례라고 볼 수
있다.

자기에게 보인 것만이 사물의 정확한 모습이라는 주장
이야말로 대표적인 고정관념이다. 다른 사람에게는 얼마
든지 다르게 보일 수도 있다. 그걸 인정해 주려는 인식이
고정관념에서 탈피하는 비결이다.

이쪽이냐, 저쪽이냐?

국민투표를 하던 어느 날, 필자가 사는 동네에 조금 소란한 일이 있었다. 투표 마감시각이 가까워지자, 선거를 관리하는 사람들이 투표를 하지 않은 사람들의 집에 일일이 찾아와 투표를 하라고 권한 것이다. 아마 투표율 때문에 그랬던 것 같다. 그러자 어떤 사람이, 투표를 안 하는 것도 내 자유로운 의사 표현인데, 왜 강요를 하느냐고 심하게 따졌다. 기권도 하나의 의사표시인 만큼, 투표를 강요하거나 투표를 하지 않는 사람을 백안시해서는 안 될 것 같다.

▪ 어떤 사상(事象)을 극단적으로 양분하여, 어느 한쪽만을 판단의 절대적인 기준으로 삼아 전개하는 것이 이른바 '흑백논리'다. 흑이 반드시 옳고 백은 언제나 그르다는 편견도 문제지만, 흑이면 흑이고 백이면 백이지 회색은 무엇이냐는 극단주의도 문제다. 야당이면 야당이고

여당이면 여당이지, 중도가 뭐냐는 극단주의 때문에 우리나라는 다당제 정치가 잘 되질 않는다. '중도통합론'이라는 중간적 정치 성향을 가졌던 어느 야당 지도자가, '사구라'라는 혹평을 받으며 설자리를 얻지 못하고 밀려난 게 좋은 예다. 선거 때 흑색선전이 기승을 부리는 것도 이 때문일까?

▪ 이번 여당의 대통령 후보 경선 과정에서 '박정희 신드롬'이 화제가 됐다. 후보들이 박정희씨와 비슷한 이미지나 그와의 관련성을 경쟁적으로 내세웠던 것이다. 그러자 그에 대한 재평가 움직임이 나오기 시작했다.

사람들은 어떤 인물이든 선과 악을 기준으로 긍정적, 부정적 평가를 내리려 한다. 이순신 장군과 원균 장군이 좋은 예다. 이순신이 우리가 알고 있는 것처럼 지나치게 훌륭한 사람이 아니며, 원균 또한 지나치게 나쁜 사람이 아니라는 주장이 나오고 있다. 그도 그럴만한 게, 당시 전쟁이 끝난 후 이순신, 권율, 원균은 모두 똑같이 1등 공신으로 책봉이 되었다. 그럼에도 불구하고 우리는 이순신의 훌륭한 점을 강화하기 위해, 원균을 지나치게 문제가 있는 사람으로 몰아붙인 감이 없지 않다.

▪ 〈쉰들러 리스트〉라는 영화가 방영된 적이 있다. 이 영

화를 보고 극장을 나오는 사람들은 이런 고민을 한다. '그렇다면, 쉰들러는 과연 인도주의자였나, 아니면 전쟁을 이용해 한몫 보려는 악덕 업자였나?'

수년 전, 서재필의 유해가 미국으로부터 귀환되었다. 그는 《독립신문》을 창간했고 개화운동을 시작한 독립 운동가로 알려져 있다. 그러나 한때에는 미국인 행세를 하면서 대한제국으로부터 거액을 받고 미국으로 건너간 친일주의자이기도 하다. '과연 그를 독립 운동가로 평가해야 하는가'라는 논란이 많다.

사람은 누구나 선한 면과 악한 면을 동시에 갖고 있다. 그러므로 모든 사람을 좋은 사람과 나쁜 사람으로 양분하여 어느 한쪽의 카테고리에 억지로 밀어 넣으려는 것은 위험한 생각이다. 서재필이나 쉰들러, 박정희, 이순신은 완벽한 선인도, 완벽한 악인도 아니었다.

▪ '문민정부'라는 말은 '군사정부'가 아니라는 뜻이다. 지금도 '군사문화'라는 말이 많이 쓰인다. 군사문화의 사고에 젖은 사람들은 모든 걸 싸움으로 보고 승패에 집착한다. 그리고 승자가 되면 당연히 모든 걸 자기 것으로 만든다. 마치 전쟁에서 이긴 쪽이 전리품을 챙기고, 노름판에서 이긴 자가 판돈을 거머쥐듯. '전체가 아니면 전무(All or Nothing)'라는 인식에 익숙해져 있다. 51:49로 선

거에서 승리를 했다면, 패자의 몫 49퍼센트도 인정해 줘
야 하는 것이다. 그렇지만 이걸 100:0으로 극단화하여
이긴 쪽이 모든 부분을 취하고 누리는 건 잘못이 아닐까?

▪ 우리나라의 학교 시험문제 중에는 아직도 O, X 문제
가 눈에 띈다. 그러나 이 세상의 사상(事象)을 모두 O, X
로 판결할 수 있는 건 아니다. △에 해당하는 것이 더 많
을 지도 모른다. 그런데도 어느 한쪽을 택하도록 강요하
는 건 문제가 있다. 일본 학교에는 O, X 문제가 없다고
한다. 요즘 기업 경영에서는 'Win-Win', 즉 양쪽이 모
두 이기는 전략이 유행이다. '이쪽이냐, 저쪽이냐?' 가 아
니라, '이쪽도 저쪽도' 의 개념이다.

▪ 극단주의는 종교에서 특히 심하게 나타난다. 매사를
둘로 나누고 어느 한쪽에만 가치를 부여하려는 경향이
있다. 교회 안은 거룩하고 교회 바깥은 속되다, 교회 일
은 반드시 신성하고 세상 일은 속되다는 식의 사고가 그
것이다. 교회 일과 가정 일을 균형 있게 처리하지 못하
고, 가사는 포기하고 교회 일만 중시하여 어려움을 겪는
이들이 얼마나 많은가. 하늘과 땅, 남성과 여성, 개인 구
원과 사회 구원, 세상과 교회, 현세와 내세, 세속직과 성
직, 문(文)과 무(武) 같은 개념은 서로 우열의 관계가 아니

라 조화와 보완의 관계다. 모든 사람들을 적과 아군, 악마와 천사로만 분류하고, 모든 걸 우열로 나누려는 이분법적 사고는 일종의 편견이다.

▪ 그림 1은 무슨 모양으로 보이는가? 그림 2(쥐)의 모습 같이 보일 수도 있고, 그림 3(안경 쓴 얼굴)의 모습 같이 보일 수도 있다.

〈그림1〉　　　　〈그림2〉　　　　〈그림3〉

▪ 그림 A와 같은 투명한 상자가 있다. 이 상자의 모양은 그림 B일 수도 있고, 그림 C일 수도 있다.

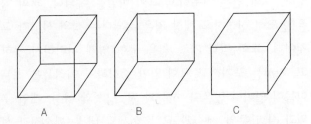

A　　　　B　　　　C

'안 지는 것'과 '이기는 것'의 차이

'공격이 최선의 수비'라는 말이 있다. 축구경기에서 공격은 안 하고 수비만 하다가 지는 수가 많다. 골을 안 먹는 데에만 치중하다보면 기껏 잘 해 봐야 무승부다. 그러나 어떻게든 골을 넣기로 마음먹고 벌이는 경기는 잘하면 승리다. 안 지는 것과 이기는 것은 다르다.

▪ 나쁘지 않은 청소년으로 자라는 것보다는 좋은 청소년으로 자라는 것이 중요하다. 지옥에 안 가려고 예수님을 믿는 사람은 잘 해 봐야 지옥에 안 간다. 그러나 천국에 가려고 예수님을 믿는 사람은 천국에 갈 수 있다. 남의 신세를 지지 않고 인생을 살아가려는 사람은, 잘 해봐야 남의 신세를 지지 않고 살아가지, 남을 도우면서 살아가지 못한다. 몸이 아파서 약을 먹는 사람은 잘 해 봐야 아픈 건 면할 수 있어도 건강을 회복하지 못한다. 교통위반 안하기와 교통질서 잘 지키기는 다르다.

▪ 앞이 잘 안 보여서 안경을 쓰는 사람은 앞을 볼 수는 있지만, 잘 보려고 안경을 쓰는 사람은 앞을 잘 볼 수 있다. 남은 밥을 먹어 치우는 사람은 밥을 치우는 데는 기여할지 몰라도, 그 밥으로 건강에 도움을 얻지는 못한다. 20문제 중 5개가 틀렸다고 야단치는 선생님보다는, 15개가 맞았다고 격려해 주는 선생님이 좋은 스승이다.

▪ 순종이 제사보다 낫다지만, 그저 순종하는 마음으로 주일을 지키는 사람에게 기쁨은 적다. 하나님께 혼날 것이 겁이 나서, 계산기까지 두드려가며 십일조를 정확히 드리는 사람은 잘 해 봐야 하나님께 혼나는 걸 면할 수 있다.

▪ 불황에만 대비하는 회사는 잘 해 봐야 망하지 않는다. 호황에 대비하는 회사가 발전할 수 있다. 요즘 같이 어려운 때에, 마른 수건이라도 짜며 경비 줄이기에만 혈안인 기업은 호황이 와도 별 수가 없다. 어려운 때일수록, 뭔가 창의력을 발휘하여 새로운 가치를 창출해 나가는 기업이 발전한다.

▪ '하지 말라'는 말만 듣고 자란 아이는 나쁜 짓은 안 할지 몰라도, 좋은 일을 찾아서 하지는 못한다. 어떤 일

을 위반했을 때 벌을 주는 방법보다는, 잘 했을 때 상을 주는 방법도 아래에서 뭔가 나온다. 밤낮 꾸중만 하는 지도자 밑에서는 부하가 성장하지 못한다. 칭찬과 격려만이 사람을 키워준다. 설교를 통해 교인들을 밤낮 '까고 혼내 주는' 목회자 밑에서는 교인이 성장하기 어렵다.

▪ 어떤 일이든 목표의 90퍼센트씩 달성해 보라. 평생가도 목표에 이르지 못할 뿐 아니라, 남보다 뒤지게 된다. 반면, 목표의 110퍼센트씩 달성해 보라. 머지않아 목표의 2배를 달성하게 된다. 작년이나 올해나 목표를 똑같이 잡는다면 100퍼센트를 달성해도 그건 사실상 '퇴보'다.

▪ 당장은 큰 차이가 없어 보이지만, 이런 작은 생각의 차이가 매우 다른 결과를 낳는다. 무엇이든 적극적으로 하지 않고 마지못해 억지로 하는 게 바로 '소극적인' 태도다. 소극적인 생각은 점점 부정적인 생각으로 자란다. 무슨 일이든 '실패할 경우만 염려하고 시작하면 자신감도 열정도 따르지 않는다. '잘 될 것이다', '할 수 있다'는 생각이 역사를 바꾸어 놓았다. 모든 건 마음 먹기에 달려 있다.

▪ 성경에 나오는 달란트 비유는 소극적이고 부정적인

사고를 경계하고 있다. 한 달란트를 땅 속에 파묻어 두었다가 주인이 돌아온 후 그대로 반납하는 게 바로 소극적 사고, 부정적 사고다. 주인은 이러한 스타일의 인간을 크게 나무라며 정죄한다.

▪ 도너츠의 안쪽을 보며, 왜 가운데 부분이 비어 있을까만을 생각하는 사람은 도너츠를 결코 맛있게 먹을 수 없다. 배우자와 자신의 성격이 무엇이 다른가만을 따지며 사는 부부에게 행복이 올리가 없다. 주위 사람들과도 마찬가지일 것이다. 다른 종교나 교파 사람과 자신이 그들과 무엇이 다른지만을 염두해 두고 사는 그리스도인에게는, 갈등이 따를 뿐이다. 남들에게서 자신과 비슷한 점을 먼저 찾아보려는 적극적인 노력이 행복과 평안을 가져올 수 있다.

▪ 부정적 사고와 긍정적 사고가 극명하게 드러나는 것이 복음이다. 율법이란 리트머스 시험지나 마찬가지다. 율법은 선과 악을 구분만 해 주지 아무 변화도 주지 못한다. 그러나 예수님이 전해주신 복음(사랑)은 매우 적극적인 것이다. 율법은 휴지를 버리지 않는 정도의 변화밖에 가져오지 못한다. 그러나 사랑은 남이 버린 휴지를 줍는 적극적인 변화를 이끌어 낸다.

▪ '살인하지 말라' 가 율법이라면, '남을 자신과 같이 적극 사랑하라' 는 복음이다. 율법은 소극적인 것이어서, 율법을 잘 지키면 죄인은 면할지 몰라도 의인이 되기는 어렵다. 그래서 '법대로', '원칙대로' 라는 생각은 때로는 매우 소극적이고 부정적인 결과를 가져오기도 한다.

▪ '교회 일은 다 그런 거야', '나도 옛날에 다 해 본 일이야', '그게 잘 되겠나?', '잘 안 될 거야' 이런 소극적이고 부정적인 생각은 뭔가 의욕적으로 해 보려는 사람들의 젊고, 뜨거운 마음에 찬물을 끼얹고 만다. 적극적인 생각, 긍정적인 생각이 성경적인 '믿음' 이 아닐까.

그리스도인의 새로운 발견

굳은 생각은 간지럼을 타지 않는다

사도행전 9장에는 사울의 개종 장면이 소개되고 있다. 예수님을 믿는 사람들을 체포하러 다메섹으로 가던 사울은 중도에서 예수님을 만나게 된다. 그 순간 그는 앞을 보지 못하게 되고, 다메섹에 가서야 아나니아에게 안수를 받고 눈을 뜬다. 그리고 세례를 받은 후 평생 주님의 사도로서 헌신한다.

눈에서 비늘 같은 것을 떼어낸 후, 사울이 예수 그리스도와 진리를 새롭게 발견한 사건은 참으로 신비롭다. 그 비늘 같은 것이 과연 무엇이었을까?

살아있는 사람의 몸은 따뜻하고 유연하지만, 시체는 차갑고 뻣뻣하다. 사람의 몸 가운데에서도 뒤꿈치 같이 굳은살은 사실상 죽은 살이어서 감각이 별로 없다. 그러나 겨드랑이 같은 곳은 매우 민감하다. 자주 사용하질 않아서다.

사람의 생각도 간지럼을 탈 정도로 민감해야 한다. 그러나 자주 사용하다 보면 굳어버린다. 그래서 같은 생각을 자주 하게 되는 전문가 중에 바보가 많다. 생각이 굳어지면 공식(公式)이 된다.

하루살이는 사실 여러 날 사는데도 하루밖에 살지 못할 거라는 생각, 기도를 할 때에는 무조건 눈을 감아야 한다는 생각, 밥은 반드시 오른 손으로 먹어야 한다는 생각은 굳은 생각이다.

2+3은 5라는 생각도 굳은 생각이다. 2+3은 1+4도 되고, 6−1도 되고, 5×1도 되고, 10÷2도 된다. 뿐만 아니라 1.1+3.9도 되고 1.11+3.89도 된다. 2+3의 답은 무한대다.

번지점프의 줄이 고무줄이 아닌 밧줄이라고 생각해보자. 어떤 일이 벌어지겠는가. 007가방 안에 칸막이를 만들어 놓고 물건을 담아보자. 안은 텅 비었어도 물건들을 많이 넣을 수가 없을 것이다. 보자기라면 어떻겠는가?

굳은 생각이 공식(公式)이다. '공식'이라는 이름하에 아무런 검토 없이 '진리'로 수용되고 있는 것들이 얼마나 많은가? 이렇게 굳어진 생각이 '고정관념'이다. 고정관념은 송장같이 차갑고 뻣뻣하다. 유연성이 없고 느낌도 없다.

고정관념은 원래 타고 나는 것이 아니라 외부 영향으로 형성된다고 한다. 필자의 생각으로는 교육, 습관, 관행, 경험, 형식, 규칙, 논리, 공식 같은 것들이 사람의 생각을 굳어버리게 하는 것 같다.

잘못된 교육을 많이 받은 사람이나 형식적인 종교생활을 하는 사람이 고정관념에 빠지기 쉽다. 교육이란 생각을 유연하게 해 주는 것이어야 하는데, 우리나라의 청소년 교육은 오히려 공식을 주입시키는 경향이 있어 걱정거리가 되고 있다.

종교 교육도 풍성한 은혜를 누리게 하기보다는 어떤 틀 안에 가두려고만 하는 경향이 있다. 사울은 당시 최고 수준의 교육을 받은 사람이다. 그러나 그가 받아들인 학식, 율법, 교리가 진리를 밝혀주기보다는 오히려 진리를 제대로 발견하지 못하게 하는 비늘(고정관념)이 되었다는 사실은 참으로 역설적이다.

고정관념에 빠지면 새로워질 수가 없다

고정관념에 빠지면 사물이나 현상의 실체를 제대로 파악하지 못한다. 왜곡, 축소, 확대, 변질, 변색, 날조된 것을 그대로 맹신하게 된다. 절대적인 가치와 상대적인 가치, 본질과 비본질, 주(主)와 객(客), 주(主)와 종(從), 주와 종을 혼동하게 된다.

고정관념에 빠지면, 성경말씀보다 교단의 헌법을 더 중시하게 된다. 젊은 집사가 나이 많은 장로에게 성경책을 던져 장로가 죽는 사건이 일어난다. 정작 자기에게는 잘 안 보이는 차 뒤꽁무니에 '내 탓이오'라는 스티커들을 달고 다닌다. 술 담배를 끊고 교회 나오라는 말을 거침없이 한다.

교인을 목적이 아닌 수단으로 본다. 십일조를 하면 부자가 된다고 가르치고 믿는다. 우리나라 30대 기업 소유주 가운데 십일조 헌금을 해서 부자가 된 사람이 거의 없음에도 불구하고. 이웃의 작은 교회가 추운 겨울날 텐트를 치고 떨며 예배를 드려도, 자기네끼리 넓고 따뜻한 공간에서 모른 척하고 예배를 드린다.

어느 금융기관에 강도가 칼을 들고 들어와 여직원을 위협했다. 용감한 여직원이 목숨을 걸고 강도를 잡았다. 그러나 생각해 보면, 강도를 잡은 여직원은 자기 생명을 경시했고, 여직원을 칼로 찌르지 못하고 우물쭈물하다가 잡힌 강도는 사실상 남의 생명을 중시했다고 볼 수도 있다. 사수(死守)해야 할 일과 포기해야 일을 구분하는 건 대단히 중요하다.

고정관념에 빠지면 사물이나 현상을 다각적으로 유연하게 균형적으로 보지 못한다. 편견이나 선입관, 수직적 사고, 흑백논리적 사고, 부정적 사고, 권위주의의 지배를 받게 된다.

우물 안의 개구리가 우물 밖의 넓은 세상을 모르고, 하루살이가 내일을 모르듯, 고정관념에 빠지면 더 넓고 더 깊고 더 새로운 세계를 발견하지 못한다.

고정관념에 빠지면 주일엔 병원에도 안 간다. 주일예배는 오전 11시만 진짜라고 믿고, 오후 3시에 드리는 예배는 모두 가짜라고 확신한다. 다리미에 빵을 구워 먹을 수 없고, 설교 시간에 절대로 질문을 할 수 없다고 믿는다. 자신과 다른 것은 모두가 틀렸다고 생각하고, 교회 일은 성스럽고 회사나 가정 일은 속되며 무가치한 것이라고 믿는다. 이런 이들이 기껏 생각해 내는 것이 '마른 수건의 물 짜기'다.

'자살'이라는 단어를 반대로 읽으면 '살자'가 되듯, 동전의 모습이 반드시 원형만은 아니다. 사면이 거울인 방에 선 나의 모습과 내가 생각하는 나의 모습은 다를 수밖에 없다.

고정관념에 빠지면 변화를 거부한다. 서서히 뜨거워지는 물 속의 개구리처럼 습관과 전통 같은 걸 붙잡고 버티다가 푹 익어버리고 만다. 변화를 거부하면, 새로운 발견을 할 수가 없으며, 새로운 피조물로 변신을 할 수가 없고, 풍요로운 삶을 누릴 수가 없다.

문제의식을 갖고 처음 보듯 새롭게 보자

지금 우리나라 교회는 정체성을 잃어버린 채 교회 안

밖으로부터 많은 손가락질을 당하고 있다. 이는 그리스도인들이 절대적인 진리가 아닌 상대적인 가치의 고정관념들을 맹신하고 있으며, 어떠한 문제의식도 가지려 하지 않기 때문이라고 생각한다.

고정관념에서 벗어나려면, 우리의 두 눈을 가리고 있는 비늘을 떼어 내려면 모든 사물과 현상을 처음 보듯 새롭게 봐야 한다.

남들이 만든 공식을 덮어놓고 믿지 말아야 한다.

그리고 문제의식을 가져야 한다. '왜 그럴까?', '다른 쪽에서는 어떻게 보일까?', '꼭 이래야 하나?', '지금 이대로 좋은가?' 이런 문제의식을 가져야 고정관념을 발견할 수 있고, 고정관념의 비늘을 떼어 낼 수 있다. 문제의식이야말로 고정관념을 깨는 열쇠다.

자신에 대해 문제의식을 갖지 않은 개인에게서 진정한 회심을 기대할 수가 없고, 구성원들이, 자신이 소속된 공동체에 문제의식을 갖지 않는 조직에서 개선과 발전을 기대할 수는 없다.

개인이든 조직이든 문제의식을 갖고 있지 않다면, 이미 정신적인 죽음의 상태에 이르렀다고 볼 수 있다. 문제의식을 가진 조직과 개인만이 살아남아 절대적인 가치를 발견하고 그것을 누릴 수 있다고 생각한다.

교회와 그리스도인들이 문제의식에 충만할 때 소망이

있다. 그런데 아쉽게도 우리나라 교회는 교인들이 문제의식을 갖는 걸 '비판'으로 매도하는 경향이 있다. 문제의식은 비판과는 본질적으로 다르다.

긍정적이고 창의적인 대안을 찾으려는 열렬한 문제의식으로, 우리 눈을 가리고 있는 '비늘'을 떼어내자. 예수님께서도 그렇게 하셨다.

스타일

   모든 사람에게는 그들 나름대로의 의견과 태도가 있다. 모두들 자기로서는 가장 옳다고 생각하는 주장을 펴지만, 그것은 서로 일치하지 않는다. 그 의견과 태도는 그 사람의 고정적인 인식의 틀이기 때문이다.

   사람의 마음에는 확실히 다른 두 가지의 태도가 있다.

   첫째는 외향적 타입이다. 자기 자신보다 주위 사람이나 사물에 대해 더 신경을 쓴다. 그리고 그것이 인간의 행동으로서 가장 자연스러운 것이라고 확신한다.

   둘째는 내향적 타입이다. 주위 사람이나 사물보다도 자기 자신에 대해 더 신경을 쓴다. 이런 사람들은 마치 자기 주변의 사람이나 사물이 언제나 자신에게 그릇된 영향만 주고 있다며, 자신 속에만 틀어 박혀 조금도 마음의 문을 열려고 하지 않는다.

   외향적인 사람은 내향적인 사람을 비난한다. 그리고 내형적인 사람은 외향적인 사람을 비난한다.

사람은 매일의 생활에서 언제나 선택을 강요받으며 살아가고 있다. 어떤 사람은 냉정하게 생각한 후 결정한다. 감정에 치우침 없이 사리에 맞게 꼼꼼히 따진 후 주위 상황이나 대상을 선택한다. 이른바 '사고(思考) 타입'이 그렇다.

그러나 냉정하게 생각하기보다, 좋아하느냐 싫어하느냐 하는 감정 위주로 선택하는 '감정(感情) 타입'도 있다.

또 사물을 합리성과는 관계없이 5감을 통해 쾌, 불쾌라는 감각으로 결정짓는 '감각(感覺) 타입'도 있다.

종합적인 직관으로 판단하는 '직관(直觀) 타입'도 있다. 이런 타입은 냉정한 사고나 따뜻한 감정, 기분 좋은 감각과는 관계없이 그것들을 전부 막연하게 종합하여 직관적으로 선택하기도 한다.

이런 다양한 타입들은 살아가면서 적잖이 서로 갈등을 일으키게 마련이다. 사고 타입이나 감정 타입의 사람들은, 감각 타입과 직관 타입을 비난한다. 이치도 따지지 않고 그냥 만져 보거나 언뜻 떠오르는 생각만으로 사물을 결정짓거나, 사리에 맞지 않게 졸속으로 일을 처리한다며 비난한다.

반면에 감각 타입이나 직관 타입의 사람은, 사고 타입이나 감정 타입의 사람들을 비난한다. 결단력과 실행력이 없는 연약한 사람이라고.

또 사고 타입은 감정 타입을 어리석은 사람으로 보며, 감정 타입은 사고 타입을 차가운 사람으로 본다. 직관 타입은 감각 타입을 직관력이 없는 둔한 사람으로 보며, 감각 타입은 직관 타입을 의미 없는 존재로 본다.

외향적인 사람이든 내향적인 사람이든 그것은 그 사람이 선택한 하나의 태도다. 어떤 것이 옳고 그른 것은 아니다.

사고 타입이든, 감정 타입이든, 직관 타입이든, 감각 타입이든 그건 그 사람이 선택한 하나의 타입이다. 그러므로 서로 존중되어야 한다. 상대방의 스타일을 자신의 것과 동일하게 만들려고 해서는 안 된다.

시너지 효과를 거두는 교회

　기독교가 천주교에 비해 크게 성장하는 원인의 하나는 기독교회가 지닌 '자율성' 때문이라고 생각한다. 기독교는 교회의 설립이나 성경의 해석이 천주교에 비해 훨씬 자유로운 편이다. 간혹 이러한 자율성이 지나쳐, 교회와 교단들이 난립을 하고 성경을 멋대로 해석하여 문제를 일으키기도 하지만, 그러한 자율성이 교회를 성장시키는 동인(動因)인 것이 사실이다.

　그렇지만 이러한 자율성은 모든 교회의 하나 됨을 깨뜨리는 역기능도 하고 있다. 다른 교회를 철저하게 남으로 여기고, 자기 교회만 챙기려는 개교회 이기주의가 얼마나 만연되어 있는가. 모든 교회가 다 형제교회라는 인식을 교회 지도자들이나 평신도들이 얼마나 하고 있는가.

　이웃 교회간에도 교류를 하려 하지 않고, 오히려 교인들을 서로 유인하려고 보이지 않는 경쟁을 하는 것이 현실이다. 멀리 해외로는 선교기금을 보내도, 이웃의 쓰러

겨가는 작은 교회는 돕지 않아도 된다는 생각이 보통이다. 이웃의 작은 교회가 예배당을 짓느라 추운 겨울에 천막을 쳐놓고 예배를 드려도, 내 교회 시설을 이용하라고 선뜻 권하지 못하는 게 현실이다.

우리가 당연하게 여기는 이러한 현상들은, 사실은 정상(正常)과 정도(正道)에서 크게 벗어난 것임을 잊어서는 안 될 것이다.

언젠가 중고등부 여름 수련회장엘 가본 적이 있다. 거기엔 다른 교회 중고등부팀도 들어와 있었다. 그래서 일부 프로그램이라도 그 교회와 같이 진행해보면 어떻겠느냐고 제안을 해봤는데, 그게 현실적으로 쉽지가 않았다는 후문이다.

한 교회 내의 여러 부서들이 한 몸을 이루는 지체이듯, 여러 교회들도 커다란 교회를 이루는 지체인 것이다. 따라서 개교회들은 서로 경쟁자가 아니라 동업자(?)라고 해야 할 것이다.

대만은 중소기업의 경쟁력이 강하다. 그럴 수밖에 없다. 예를 들어, 우리 나라의 인쇄소들은 인쇄소마다 윤전기를 사들여놓고 돌리지만, 대만의 인쇄소들은 협동조합을 통해 윤전기를 공동으로 구입해서 운영한다. 그러니 원가가 싸게 먹힐 수밖에….

우리 나라의 교회들도 비슷한 점이 있다. 교회들이 서

로 협동하려 하기보다는 제각각 독립적으로 운영하려는 의식이 강하다. 시설이나 프로그램을 공동으로 소유하기보다는 제각기 따로 확보하려 한다. 기도원이나 수양관을 여러 교회가 같이 지어서 운영하면 좋을 텐데, 교회마다 자체의 기도원과 수양관을 지으려 한다.

많은 투자와 시행착오를 거쳐 마련한 좋은 프로그램이나 정보를 다른 교회들에게 공개하여 그것을 함께 공유하려는 인식도 부족하다. 그러니 교회마다 똑같은 시행착오를 거칠 수밖에 없다.

이러한 인식 속에는 다른 교회를 동업자가 아니라, 경쟁자로만 보려는 잘못된 가치관이 깔려 있다고 볼 수 있다.

부산 청학감리교회와 성광장로교회는 작년에 이어 올해에도 새해 달력을 함께 만들었다. 두 교회의 이름을 넣어 인쇄를 하니 비용도 절감되고 보기에도 정겹기만 하다.

필자가 나가는 교회는 비슷한 규모의 다른 두 교회와 힘을 합쳐 해외 선교사를 파송하고 있고, 농촌의 교회도 함께 개척하고 있다. 강사를 초청하여 중직자 세미나도 함께 개최했다.

내년부터는 중·고등부, 청년부 수련회도 연합으로 개최할 예정이다. 운영은 세 교회가 한 부씩 맡아서 하기로 했다. 우리 교회는 고등부 수련회에 모든 관심을 집중하여 준비하면 된다. 이렇게 되면 전체적으로는 교육의 질이 높아지고 개교회의 자원을 절감할 수 있으니 좋다. 개교회가 따로 하기 힘든 사업일지라도 세 교회가 힘을 합치면 적은 노력과 투자로 훌륭히 추진할 수가 있는 것이다.

우리나라의 대교회에는 유능한 인재들이 너무 몰려들어 오히려 일자리가 부족한 게 사실이다. 그런가 하면 작은 교회에는 일손이 딸린다. 그래서 아직 신앙적으로 미숙하고 훈련을 제대로 받지 못한 이들이 힘겹게 일하는 경우도 많다. 전교회를 생각한다면 작은 교회에는 큰 교회에서 훈련받은 이들이 파송되어야 하고, 초신자들은 체계가 잡힌 대교회에서 훈련을 받는 게 이상적이라고 생각한다. 그러나 실상은 그렇지 못하니 전교회적으로 볼 때 손실이 적지 않다.

더하기(+)를 45도만 뉘어놓으면 곱하기(×)가 된다. 5라는 능력을 가진 교회가 셋이면 5+5+5는 15에 불과하다. 그러나 5라는 능력을 지닌 세 교회가 힘을 합치면 5×5×5는 125가 된다. 이 땅의 형제교회들이 힘을 합치면 엄청난 시너지 효과를 거둘 수 있다.

불필요한 데에 힘을 낭비하지 않고 꼭 필요한 데에 힘을 집중하고, 형제교회들과 협력하여 시너지 효과를 거둘 줄 아는 교회가 실력있는 교회다.

개선, 개발, 혁신을 생각하는 교회

일본의 사회생산성본부가 96년도의 주요 국가 노동 생산성을 비교한 결과를 발표했다. 1위는 미국, 2위는 이탈리아, 3위는 프랑스였다.

일본은 12개국 중 11위였고 한국은 최하위였다. 그러나 일본을 100으로 할 때 한국은 66에 불과하고 미국은 135나 된다. 이런 실력으로는 우리 나라 기업이 살아 남을 수가 없겠구나 하는 생각이 들었다.

우리 나라는 '생산성' 같은 개념을 체질적으로나 문화적으로 좋아하지 않는 것 같다. 교회도 '효율', '창의' 같은 것에 거부감을 갖는 게 사실이다. 그런 것은 '세상'에서나 중요한 것이라는 생각이 지배적이다. 그래서인지 우리네 교회는 예산을 사용하거나 어떤 사업을 실시한 후, 그에 대한 평가와 감사를 소홀히 하는 경향이 있다. 소홀히 하는 정도가 아니라, 그런 시도에 대해 감히 말을 꺼내기가 어려운 게 현실이다.

그러나 교회도 하나의 조직인 만큼 공동체의 창의와 지혜를 모아, 최소의 투자로 최대의 성과를 내도록 운영되는 게 성경적이라고 생각한다. 예산을 효율적으로 사용하고 일을 효율적으로 추진해야 더 큰 열매를 거둘 수가 있다. 더구나 교회 공동체는 그 어느 조직보다 공예산이나 사업을 효율적으로 집행해야 할 의무가 있다.

우리는 성경에 나오는 달란트 비유에서 여러 가지 교훈을 얻을 수 있다. 다섯 달란트를 받아 열 달란트를 만든 사람, 두 달란트를 받아 네 달란트를 만든 사람은 칭찬을 받는다. 투자한 것에다 새로운 가치를 창조했기 때문이다. 그러나 한 달란트를 받아 두었다가 한 달란트를 그대로 내놓은 사람은 무서운 벌을 받고 있다.

똑같은 재료와 기계로 남들이 1만 달러 짜리 물건을 만들어낼 때, 겨우 5천 달러 짜리 물건을 만들어 낸다면 기업으로서는 존립하기가 어렵다. 살아남으려면, 어떻게 하면 2만 달러 짜리를 만들어 낼 것인가를 연구해 내야 한다.

그러자면 과학적인 사고가 필요하다. 단순히 허리띠를 졸라매거나 마른 수건의 물을 짜자는 주먹구구식 사고로는 한계가 있다. 과학적 사고만이 일하는 방법을 개선, 개발, 혁신할 수 있다. 그러려면 공정하고 정확하고 과학적인 평가도 뒷받침돼야 한다.

리츠 칼튼 호텔의 한 청소부는, 자신이 담당하고 있는

청소작업을 표준화하고 생산성을 높여, 말콤 볼드리지 생산성 대상을 받았다. 오늘날 우리네 교회 안에서 이 청소부같이 생산성을 높이려는 노력을 얼마나 찾아볼 수 있는가? 일하는 방법을 개선, 개발, 혁신하여 부가가치를 높이려는 노력이 교회 안에서 왜 일어나지 못하고 있는가? 그리고 그러한 노력과 성과에 대해 '잘 했다'고 평가해 주고, 그렇지 못한 경우 '잘 못 했다'고 지적함으로써 더 나은 가치를 창출하려는 노력을 왜 찾아보기 어려운가?

교회에도 새로운 사고의 구조조정이 필요하다. 예산을 사용하고 일을 추진하는 데 있어 '생산성'이나 '효율성'을 따져야 한다. 그저 '주먹구구식으로', '은혜스럽게' 적당히 일을 하려는 안일한 자세를 버려야 한다. 인력, 물자, 예산 등 모든 자원을 정직하게 사용하는 것도 중요하지만, 나아가 그것을 가장 효율적으로 사용할 수 있는 방법을 찾아내야 한다.

'군대문화'를 비판하는 사람들이 많다. 군대문화가 비판받는 원인의 하나는, 싸우면 반드시 이겨야 하고 이기면 상대의 모든 것을 빼앗아 가는 점이다. 또 스스로 돈을 벌지 않고 주는 것을 받아만 쓰는 입장이다 보니, 자원을 가치 있게 사용하지 못한다는 점이다. 군대는 가치를 창출하는 생산집단이 아니라 소비집단이다.

교회는 어떠한가? 교회도 스스로 부가가치를 창출하여

이익을 내는 '생산집단'이 아니라, 교인들이 낸 헌금을 사용하는 일종의 '소비집단'인 셈이다. 그렇기 때문에 재정이나 자원의 사용이 효율적이지 못할 가능성이 언제나 있다.

물론 교회가 원가를 절감하여 '생산성'을 높이는 이익집단은 분명히 아니다. 교회는 남는 장사를 하는 집단이 아니라, 오히려 밑지는 장사를 하는 집단이라 할 수 있다. 그러나 밑지는 장사를 잘 하려면, 더욱이나 남기는 장사를 잘 하지 않으면 안 된다.

이제는 교회도 일하는 방법을 더욱 개선, 개발, 혁신해야 한다. 그런 교회가 실력 있는 교회요, 주님의 사명을 더 많이 감당할 수 있는 교회다. "어저께나 오늘이나 영원 무궁히"를 외치며 안일하게 일을 하려는 교회들은 성경의 달란트 비유가 주는 교훈을 다시 생각해 보자. 과연 우리 교회의 생산성은 어느 정도인가?

제 2 장

권위주의도 병이다

권위주의도 병이다

초보 운전자들에게 운전을 가르치는 사람이 있다. 수많은 사람들을 가르치다 보니 그에겐 언제나 얘깃거리가 많다. 가장 가르치기 어려운 교습생은 '교사'라고 한다. 늘 학생들을 가르치다 보니, 스스로는 좀처럼 배우려 하지 않는다는 것이다.

▪ 요즘엔 텔레비전에 나와 자기 남편에 대해 공개적으로 흉을 보는 아내들도 있다. 어느 부인은 자기 남편이 휴일만 되면 소파에 반쯤 누워 텔레비전을 본다고 한다. 그런데 담배를 피워 물었을 때 재빨리 재떨이를 가져오지 않으면 아내에게 마구 화를 낸다는 것이다.

▪ 내가 잘 아는 간부 한 사람은 여직원을 시켜 언제나 책상에 물을 한 컵 떠다 놓게 한다. 그래서 한번은 필자가 핀잔을 준 일이 있다. 당신 입은 붕어 입이냐, 여직

원이 당신 마실 물이나 떠다 주려고 여직원이 회사에 출근하느냐, 복도에 비치된 시원한 생수를 직접 떠다먹는 게 어떠냐고.

▪ 회사 사무실의 의자는 주인의 신분을 나타내 준다. 간부의 의자는 회전식에다 옆에 팔걸이가 있어 안락한데, 평사원 의자에는 팔걸이가 없었다. 그래서 필자가 팔걸이 의자는 육체적인 활동을 많이 하는 평사원들에게 더 필요하지 않겠느냐며 시정을 건의했는데, 그게 받아들여졌다. 그후 직급에 관계없이 모든 사원들에게 팔걸이가 달린 안락한 의자가 지급되고 있다.

▪ 요즘에야 컴퓨터가 보편화되었지만, 얼마 전만 해도 새로운 스타일의 성능 좋은 컴퓨터가 나오면 간부에게 우선 주어졌다. 그러나 실제로 컴퓨터는 직급이 낮은 사람들이 더 많이 이용하지, 간부들은 사용을 할 줄도 모르고 사용할 일도 많지 않아 먼지가 뽀얗게 쌓이곤 한다. 필자가 아는 어느 간부는 고성능 컴퓨터가 자신에게 지급되자, 사무실에서 가장 막내인 여직원에게 그것을 주고 그녀가 쓰던 컴퓨터를 자신이 물려받았다.

▪ 요즘 직장에서 해고당하는 사람들이 늘어나고 있다.

그래서 '명태', '황태', '동태' 같은 말이 유행한다. 직장생활을 오래 하다 그만두고 나오면 여러 가지가 불편해진다. 특히 높은 지위에서 일하다 나오면 어려움이 많다고 한다. 부하직원이나 비서가 해 주던 일을 직접 하려니 자신이 얼마나 비참하게 느껴지겠는가. 그래서 어떤 간부는 가능하면 모든 일을 스스로 하려 애를 쓴다. 서류 복사도, 컴퓨터 사용도, 커피 타기도 직접 한다.

· 남들이 인정해 주는 게 '권위'이고, 남들은 인정해 주지 않는데 혼자만 인정하고 행동하는 게 '권위주의'라는 말이 있다. 권위주의는 아무래도 권력, 전문성, 학력, 지위, 명예 같이 뭔가 남들로부터 인정을 받을 만한 것을 지닌 사람이 갖는 '지나친 자부심'이랄 수 있다. 권위주의는 아이러니 하게도 권위가 부족한 사람이 많이 추구한다. 그러나 여기에 빠지면 스스로 헤어 나오기가 어렵고, 나온다 해도 대단한 아픔이 따른다. 권위주의도 일종의 고정관념이어서, 여기에 빠지면 사물이나 현상을 있는 그대로 보지 못할 뿐 아니라, 유아독존이 되어 판단에 객관성, 공정성을 잃기가 쉽다.

· 남에게 가르치는 입장에 있는 사람이 권위주의에 빠지기 쉽다. 목사나 교사같이 늘 남에게 지시하고 훈

계하는 일에 종사하는 사람은 남의 지적을 들으려 하지 않고, 들을 기회도 없다. 자신이 항상 남에게 가르칠 만한 위치에 있다는 선입관적인 사고가, 상대를 '배워야 할' 아랫사람으로 내려놓고 보게 한다. 권한이 많은 관리나 높은 지위에 오른 사람도 마찬가지다.

• 부모가 목사인 아들의 이름을 제대로 부르지 못하고, 아내가 목사인 남편을 '여보'나 '당신'이 아닌 '목사님'이라고 부르고, 목사인 친구의 이름을 제대로 부르지 못하는 수가 많다. 이것도 권위주의 때문이다. 서구에서는 교인들이 목사를 '형제(Brother)!'라고 부르기도 한다. 듣기로는 서울의 어느 훌륭한 목사님은 연상의 교인들을 '형님', '누님'으로 부른다던데….

• 권위주의자들은 자기도 모르게 다른 사람들 위에 군림하려 하고, 다른 사람들을 통치하려 한다. 우리나라 목회자들 중에는 남이 인정해 줄 수 있는 권위를 쌓기보다는 권위주의를 체질화하고, 교인들을 통치하고, 그들 위에 군림하려는 목회자들이 적지 않은 것 같다. 나이가 많은 교인들에게조차 경어를 사용하지 않는 일이 좋은 예다. 앞서 '붕어입' 얘기를 했지만, 불과 20여 분 설교를 하기 위해 사찰을 시켜 마실 물을 강단에 미

리 갖다 바치게 하는 모습에서도 그걸 엿볼 수 있다. 한 논문에 의하면, 우리나라 목사 중 86.7퍼센트가 자기 자신이 교회 내에서 존경을 받고 사랑을 받으며 권위를 인정받고 있다고 스스로 평가하고 있는 것으로 나타났다. 과연 그럴까?

▪ 권위주의란 권위를 휘둘러 남을 억누르려고 하는 사고 방식이나 행동 양식을 말한다. 그러나 권위에 대하여 맹목적으로 복종하는 것도 마찬가지로 권위주의다. 권위주의형 목회자들은 자신을 과잉 평가하는 고정관념에서 벗어나 교인을 새롭게 바라봐야 할 것이다. 교인 길들이기를 리더십으로 착각해서는 안 될 것이다.

▪ 무엇이든 모자라거나 지나치면 문제가 된다. 우리나라 교회의 목사들은 '거품 권위' 만들기를 너무 좋아하는 것 같고, 교인들은 스스로 권위 쌓기를 아예 포기한 것 같다. 남이 인정해 주는 권위는 목사나 교인 모두에게 필요한 것이다. 교인들이 할 일은 맹목적으로 목회자의 권위를 만들어 주는 것이 아니라, 목회자나 다른 교인들로부터 인정을 받을 객관적인 권위를 스스로 쌓아 가는 것이라고 생각한다. 목사도 교인들의 권위를 제대로 인정해 주는 것이 성경적이라고 본다. 목사든

교인이든 상대방의 권위를 인정하는 데 인색해서도, 지나쳐서도 안 될 것이다. 이것이 우리가 권위주의에서 해방되는 길이다.

'사모님'을 해방시켜 주자

　목사만큼 외롭고 피곤한 직업도 없을 것이다. 남편, 아버지, 목사의 역할을 균형 있게 수행하기가 결코 쉽지 않기 때문이다. 그렇다고 해서 어느 한 가지를 포기할 수도 없는 노릇이다. 그런만큼 목사는 누구보다도 더 인간적인 위로와 피로 회복이 필요한 존재다.

　피로는 언제나 '경직성'에서 온다. 경직된 사고, 경직된 행동을 탈피하지 못하는 목사일수록 피로를 더 느끼기 마련이다. 툭 하면 아내를 놔두고 혼자 기도원에 올라가 철야를 하고 내려오는 목사, 잠자리에서조차 아내에게 '여보' 대신 '목사님'이라고 부르게 하는 목사는 남편의 역할을 포기한 비정상적인 사람이다. 그런 목사일수록 사랑스런 아내의 따뜻한 품이 더 필요하다고 생각한다.

　목회자의 37.5퍼센트가 이혼을 고려하거나, 어쩔 수 없이 산다는 충격적인 통계가 교계의 한 월간지에 발표되었다. 부부간의 대화 시간은 하루 30분 미만이 35.6퍼센트, 30분 이상 1시간 미만이 40퍼센트라고 한다. 가정 붕괴에 관한 이야기는 목회자도 예외가 아닌 모양이다.

만약 목회자가 교회를 위해서는 가정도 유보할 수 있다고 믿고 있다면, 그는 그로 인한 엄청난 스트레스를 결코 피할 수 없을 것이다. 어쩌면 눈덩이처럼 부풀어만 가는 만성 피로에서 자기 자신을 구원하는 일이 더 시급할지도 모른다.

문제는 이런 목사일수록 교인들에게도 자신과 똑같은 삶을 요구하며, 교인들을 한없이 피곤하게 한다는 사실이다. 그러므로 교회는 목회자를 쉬게 해 주어야 한다. 그리고 교인들은 목회자 아내를 '사모님'에서 해방시켜 주어야 한다. 교인들마저 목사와 그 가족들의 행동을 어떤 틀 안에 가둬 놓는다면, 목사가 쉴 곳은 캄캄하고 썰렁한 예배당 안의 강대상 구석밖에 더 있겠는가?

사실 목사 부인은 수영을 해도, 부업을 해도, 테니스를 해도, 개성 있는 복장을 해도, 취미 생활을 해도 항상 잘잘못을 따지게 된다. "목사가….", "목사님 사모님이…." 우리는 이런 말을 얼마나 많이 쓰고 있는가?

목사는 그 자신이 목사이지, 그 아내가 목사는 아닌 것이다. 그럼에도 우리 교인들은 목사의 아내를 목사와 한세트로 묶어서 목사 아내는 어떠해야 한다는 고정관념 속에 가두어 버리고는 그 행동을 제한하고 싶어하는 고

약한 버릇을 갖고 있다. 목사 아내만이 아니라 아들, 딸에게도 마찬가지다.

목사를 쉬게 하기 위해서라도, 목사의 아내만은 보통 사람으로 풀어 주어야 한다. 그러자면 목사 자신이 먼저 자기 스스로의 삶을 가꾸며 살아가도록 목회의 영역에서 아내를 해방시켜 줘야 한다.

오늘 저녁, 교인들의 눈치는 보지 말고 아내와 팔짱을 끼고 야한 영화라도 한 편 보시라.

이번 주일 저녁 집회 때, 이 글을 전 교인 앞에서 한 번 읽어주면 어떨까?

불감증

얼마 전 회사 앞 도로에 작은 교회 버스 한 대가 정차해 있었다. '회개하라 ….', '주 예수를 믿으라….' 등의 성구를 적은 플래카드가 양쪽 옆, 뒷 유리를 완전히 덮고 있었다. 퍽 요란하다 싶어 차 안을 들여다보니 차 안에는 아무도 없었다. 대신 앞 유리에도 뭔가 붙어 있었다. '주차 위반', '견인 대상 차량' 그것도 여러 장의 스티커가….

한 시간쯤 지나 다시 와 보니 여전히 그대로 있었다. 차 안에는 아무도 없었고, 주차 위반 스티커는 보기 흉하게 뜯겨져 바닥에 버려져 있었다. 부근에 주차장도 많이 있는데 왜 무단주차를 했을까? 더구나 그런 플래카드를 내건 채.

"도로에 무단 주차를 한 주제에 누구보고 '회개'를 하라는 것이고, 누구를 '구원' 하겠다는 것인지…" 지나가는 사람들이 다들 그렇게 생각할 것 같아 퍽 안타까웠다.

언젠가 유명한 부흥사를 초청하여 설교를 들은 적이 있다. 예배를 마치고 그 분이 운전기사가 모는 최고급 승용차에 올랐다. 잠시 후 그 승용차가 중앙선을 넘어 참으로 용감하게 좌회전을 했다. 그 차가 좁은 길에서 무사히 유턴을 할 때까지, 오고 가던 차들이 놀란 채 멈춰 서서 기다려야 했다. 조금 전 그 분이 강단에서 외치던 말씀들, 함께 나누었던 은혜가 액셀러레이터 밟는 소리와 함께 싹 가시는 기분이었다.

교계 연합행사 때마다 사람들의 웃음거리가 되는 것이 참석 인원수다. 언젠가 여의도 행사 때에는 경찰은 10만 명이 모였다는데 주최측은 70만 명이라고 우겼다.

우리나라의 기독교인은 얼마나 될까? 1천만 명이라더니 언제부터인가 1천 2백만 명이라고들 한다. 과연 그렇게 될까? 각 교단이 집계한 우리나라 종교 인구를 합산해 보니 남북한 인구보다도 많더라는 우스운 이야기도 있다. 서울 동안교회 김동호 목사는 교적부를 대대적으로 정리하고 난 후, 우리나라 교회의 통계들이 정확하지 못하고 정직하지 못하다고 솔직히 고백을 했다. 이미 다른 교회로 이사 간 사람, 지금은 교회에 나오지 않는 사람들조차 교인 수로 집계하고는 교인 수가 몇백 명, 몇천 명, 몇만 명이라고 과장을 하는 경우가 많다는 것이다.

일반 사회인들 중에 기독교인이 25퍼센트라는데, 검찰

에 잡혀 온 범죄자들 중 기독교인은 왜 그 배에 이르는 가? 매년 실시되고 있는 '직업별윤리성조사'에서 왜 성직자가 중위권을 맴돌고 있는가? 이러한 교회들이 과연 하나님의 진리를 '그대로' 전할 수 있을지, 세상을 구원할 수 있을지 의문이다.

'정직'과 '정확' 이야말로 진리의 본질이다. 그렇다면 교계에서 전개되고 있는 '정직' 운동, '윤리' 운동은 무엇을 시사하는가? 혹시 우리 교회가 교인들에게 윤리의 불감증을 길러 주고 있지는 않은지 살펴 볼 일이다. 예를 들면 '죄인', '전과자'임을 지나치게 인식시켜 죄 짓는 것을 오히려 당연시한다든가, 죄를 짓고도 구원받을 수 있는 간단한 길이 있다고 잘못 가르쳐줌으로써 죄 짓는 것을 두려워하지 않는다든지….

'똑게'와 '멍부'

요즘 신세대 직장인들은 능력이나 성격 등을 기준으로 상사를 우스꽝스런 명칭으로 분류하여 평가하는 분위기가 있다.

그들은 우선 상사를 똑똑한 상사와 멍청한 상사 그리고 부지런한 상사, 게으른 상사로 구분한다. 그렇게 하여 똑똑하고 부지런한 상사형, 똑똑하고 게으른 상사형, 멍청하고 부지런한 상사형, 멍청하고 게으른 상사형으로 나눈다. 그리고 이를 '똑부'형, '똑게'형, '멍부'형, '멍게'형으로 부른다.

이들이 가장 선호하는 상사는 '똑게'형이다. 이런 상사형은 자기 위치에서 업무 파악은 하지만, 게을러서 주요 업무를 부하에게 떠맡긴다. 부하 입장에서는 다소 일은 많지만 성장 가능성이 많으므로 가장 인기가 있다.

그 다음은 '똑부'형. 업무에 대해 훤한 데다가 열심히 일을 하므로 부하들도 열심히 할 수밖에 없다. 그러나 이런 상사는 업무 간섭이 심하고 부하에게 결정을 내릴 여지를 남겨 주지 않아 인기가 없다.

부하들이 가장 괴로워하는 유형은 '멍부' 형이다. 업무에 대해 잘 알지도 못하면서 불필요한 일로 괜히 부지런을 떤다. 이런 상사의 부하들은 늘 쓸데없는 일만 하며 시달린다.

'멍게' 형은 어떤가? 업무도 잘 모르지만, 쓸데없는 일도 만들지 않아 부하들은 편하기 그지없다. 시키는 일이나 적당히 하면 된다. 그러나 이런 상사의 부하는 무사안일한 '멍게'로 성장할 가능성이 높다.

연말이 되면서 교회마다 새로운 일꾼들을 임명하거나 선출하고 있다. 리더의 역할은 앞에서 본 대로 매우 중요하다. 그러므로 조직의 리더 자리를 '아무에게나' 맡겨서는 안 될 것이다.

조직의 성장이나 인재의 육성은 리더의 리더십 유형과 밀접한 관련이 있다. 즉 교회의 리더인 담임목사가 부목사나 장로, 부서장들을 어떻게 이끄느냐에 달려 있다. 더 구체적으로 말하자면 담임목사가 '똑부' 형인가, '똑게' 형인가, '멍부' 형인가, '멍게' 형인가에 달려 있다.

우리나라 목회자들은 대부분 '똑부' 형을 지향하는 것 같다. 똑똑한 목회자가 부지런히 일하는 것은 어느 모로 보나 최선이다. 그러나 물이 맑다고 해서 물고기가 많이, 잘 자라는 건 아니다.

필자의 생각으로는 '똑부' 형 담임목사보다는 '똑게' 형
이 장기적으로 교회 성장과 인재 육성에 유리하다고 생각
한다. 자신이 '똑부' 형인 줄로 착각하는 '멍부' 형이나 '멍
게' 형은 교회 성장과 인재 육성을 오히려 그르치기 쉽다.

나는 '똑부' 형, '똑게' 형, '멍부' 형, '멍게' 형 중 어느
형인가?

위임과 독점

교회는 그 자체가 하나의 조직이며, 그 안에 수많은 작은 조직들로 구성되어 있다. 교회는 담임목사라는 큰 리더와 수많은 작은 리더들의 지도로 유지되고 발전된다고 볼 수 있다. 이러한 리더들에게 꼭 필요한 것이 바로 '위임'의 기술이라고 생각한다.

사람의 능력이란 경험의 기회가 만들어 낸다고 볼 수 있다. 해보지 않은 일을 잘한다는 것은 기대하기 어렵다. 지도자가 어떤 일을 잘 할 수 있다는 것은, 그에게 그 일을 해 볼 기회가 그만큼 많았기 때문이다. 그래서 과감한 위임은 리더나 구성원 모두에게 도움이 되며, 궁극적으로는 조직의 발전에 기여하게 된다.

그러나 실제로 많은 지도자들이 위임을 하지 못하고 있다.

존 W. 존스라는 사람은 조직의 리더들이 위임에 실패하는 원인을 심리적으로 분석하여 발표한 바 있다.

첫째는, 자기 중심주의 때문이다. "내가 모든 면에서 훨씬 더 잘 할 수 있으니까."라는 자기 중심의 신념이 위임을 막는다.

둘째는, 불안감 때문이다. "그 사람이 나보다 더 잘하면 어떡하나?"하는 불안감이 위임을 보류시키곤 한다.

셋째는, 공포심 때문이다. "그 사람에게 맡겼다가 자칫 그 일을 망치면 어떡하나?"라는 우려가 위임을 포기하게 한다. 특히 상대의 능력이 못 미더울 때 그렇다.

넷째는, 과잉통제 때문이다. "이 일만은 그에게 기회를 줘선 안돼. 내가 꼭 해야 돼"라는 막연한 통제의식이 위임을 보류시킨다.

다섯째는, 완벽주의 때문이다. "내가 해야만 완벽한 결과가 나오지."라는 성과에 대한 지나친 기대가 위임을 막는다.

여섯째, 효율에 대한 걱정 때문이다. "내가 이 일을 직접 하면 1시간이면 되는데, 다른 사람이 하면 4시간은 걸릴 테니, 차라리 내가 해치우는 게 낫지…"라는 생각이 일을 남에게 맡기지 못하게 한다.

일곱째, 두려움 때문이다. "내가 직접 계획을 세워야 일이 실패하지 않아" 실패가 두려워 남에게 일을 못 맡기는 것이다.

여덟째, 심리적 위안 추구 때문이다. "차라리 내가 일을 처리하는 게 마음이 놓이고 편해." 자신의 마음이 불편해질까봐 위임은 생각하지도 않는다.

위임이란 애정과 신뢰의 구체적인 표현이다. 상대방을 믿고 사랑하지 않는다면 결코 위임을 할 수가 없다. 그러므로 상대방을 믿고 사랑한다면 위임을 해야만 하는 것이다. 위임을 하지 않는다는 것은 상대방을 믿고 사랑하지 않는다는 표시다.

실제로 우리는 가정에서, 직장에서, 교회에서 위임을 해야만 할 상황에 위임을 포기하고 넘어가는 경우가 많다. 시어머니가 며느리에게 그렇고, 당회장이 당회원에게 그렇고, 목사가 부교역자에게 그렇고, 부모가 자녀에게 그렇다.

지도자에게는 "맡기면 다 한다, 일단은 맡겨봐야 한다"는 철학이 필요하다. "내가 아니면 안 된다"는 독점 의식을 깨고, 일단 위임해 보자.

인간 선언

　일단 권위주의라는 달콤한 꿀통에 빠지면 스스로 나오기란 좀처럼 쉽지 않다. 오히려 꿀통에서 계속 살아가기 위해 발버둥 치는 것을 시도하게 된다.

　목사도 예외가 아니다. 철없는 일부 교인들의 무분별한 우상화에 어리석은 목회자들은 쉽게 넘어가기 쉽다.

　어느 날 그토록 공손하던 말투가 말끝을 대충 흐리는 반말투로 바뀌면서 '섬기는 목회'는 막을 내리고 '섬김을 받는 목회'로 전환하게 된다.

　위선된 거룩으로 위장하고, 평신도를 성직자에게 종속시키며, 교인들을 아래로 내려다보며 거드름을 피우고, 자기 중심적인 부정직한 말씀을 선포하고, 세속적인 욕망의 악취를 풍기게 되면 모든 것이 끝장이다.

　권위주의의 특징은 그 누구도 말릴 수 없으며 그 조직은 결국 사이비 집단으로 전락하게 된다는 점이다.

　베드로는 자신에게 엎드려 절하는 고넬뇨에게 자신

이 하나님이 아니라 사람이라며 정직하고도 용감하게 인간선언을 했다.

사람들이 바나바를 제우스라고, 바울을 헤르메스라며 신으로 섬기려 했을 때 바울과 바나바는 옷을 찢으면서 인간선언을 했다.

전문가, 교육자, 가장, 지도자들은 자신이 분에 넘치는 권위를 누리고 있지는 않는가 스스로 문제의식을 가져볼 일이다. 그건 그렇고 도대체 누가 감히 목사들에게 이런 얘기를 해 줄 수 있겠는가?

설교는 이래야 한다

어느 대학에서 강연회를 개최한 적이 있다. 먼저 기독교계의 저명한 인사가 열강을 했다. 이어서 유명한 고승 한 분이 연단에 올라갔다.

그는 이렇게 말하고는 그냥 내려갔다. "앞의 분 강연을 정말 감명 깊게 들었습니다. 제가 덧붙여 얘기할 것이 없습니다. 그 선생님의 말씀을 꼭 실천하시라고 당부 드림으로써 제 강연을 대신합니다."

그야말로 명 강의였다.

민주화를 위해 목숨을 바친 어느 열사의 영결식장. 고 문익환 목사가 조사를 하러 올라갔다. 그는 아무 말도 않고 그동안 민주화를 위해 목숨을 바친 열사들의 이름을 하나씩 부르며 통곡을 하고는 내려갔다. 모든 조객들이 울었으니 명 조사였다.

목사들은 '설교는 이래야 한다'는 고정된 생각을 버리지 못하는 것 같다.

첫째, 고정관념은 많은 내용을 장황한 말로 표현해야 한다는 생각이다. 설교자의 생각과는 달리, 많은 교인들은 목사가 외친 설교 내용을 제대로 기억하지 못한다.

메시지가 듣는 이의 머리에 오래 남게 하려면, 긴 사고의 과정이 필요하다. 듣는 이들의 수준에 맞는 정확한 어휘를 찾고, 불필요한 말을 줄여 나가는 과정이다. 설교 시간은 긴데 효과가 없는 것은 준비가 부족하기 때문이다.

둘째, 고정관념은 설교를 '입(口)'만 가지고 해야 한다는 생각이다. 소품이나 멀티 미디어, 시청각 교재를 이용한다면 색다를 수 있는데 왜 입만 가지고 설교를 하려는지 이해가 안 된다.

회중의 공감 여부에 관계없이, 마이크에 입만 댄채 혼자 흥분해 외치다가, 느닷없이 "믿습니까?"를 물어 회중을 놀라게 한다. 이 때 회중들은 평소 익힌 대로(?) "아멘"으로 응답을 하곤 하는데, 그게 진짜 '아멘'이겠는가? '강요된 아멘'이지.

회중 스스로 고개를 끄덕이며 '아멘'을 외치도록 하며, 질문을 듣고 대답을 하는 건 '엎드려 절 받기'와 다를 바가 없다. 이런 식의 커뮤니케이션은 사실상 이미 실패한 것이다.

청중은 "믿습니까?"를 외치는 설교자의 표정과 음성에서 공포와 강요를 느끼게 될 때, 설교 내용이 하나님의 말씀이 아니라 설교자 개인의 유치한 생각이나 주장이라는 느낌이 들 때 정말 짜증스러워진다.

　목회자들은 누구나 설교 준비로 스트레스를 받는다고 한다. 그렇지만 스트레스를 받기는 교인들도 마찬가지다. 특정 목회자의 강단 독점은 서로에게 괴로운 일이다.

리더의 요건

해외 출장시 미국의 어느 교포 교회에 가 본 적이 있는데, 그 분위기가 서울과는 매우 달랐다. 우선 담임목사는 설교와 축도만 담당할 뿐 나머지 순서는 남녀 평신도들이 돌아가며 맡아 하는 것이 인상적이었다.

예배 후의 성경공부반 수료식은 더욱 인상적이었다. 사회자가 호명을 하자 한 사람씩 단상에 올라가 수료증을 받았다. 그런데 수료증 수여자는 담임목사가 아니라 성경공부반을 지도해 온 집사였다. 담임목사는 수료증을 받고 내려오는 이들과 단하에서 인사를 나누며 축하해 줄 뿐이었다.

수료생 중에는 장로도 있었다. 집사로부터 장로가 성경을 배우고 수료증을 받는 모습이 여간 생소한 모습이 아닐 수 없었다. 정성껏 가르친 교사가 직접 제자들에게 수료증을 수여하도록 배려해 준 담임목사가 존경스러웠다.

동행한 그 교회 교우에게 "이런 교회라면 평신도들이

신바람이 나겠구나"라고 말했더니 실제로 그렇다고 했다. 교인들은 누구나 열심이고 교회는 언제나 활기 차다고 했다.

나는 그 원동력이 담임목사가 성경공부를 가르쳤던 평신도에게 안겨 준 커다란 보람과 성취감이라고 생각한다. 그러나 한편으로 담임목사가 그렇게 한 것은 배려라기보다는 지극히 당연한 일이 아닌가 생각한다.

조직사회에서 가장 인기 없는 상사는 부하의 공을 가로채는 사람이며, 가장 인기 있는 상사는 부하가 성장하도록 동기를 부여해 주고 능력을 계발해 주는 사람이다.

이제 혼자 앞장서서 조직을 이끌어 가는 솔선수범형 리더의 시대는 갔다. 이제는 조직원들 스스로가 신바람이 나서 일하도록 동기를 부여해 주는 리더가 각광을 받는 시대이다.

그러나 대부분의 목회자들은 솔선수범형이다. 솔선수범형은 예배 순서도 거의 독점한다. 혼자 사회를 보고, 혼자 설교하고, 기도하고, 교회소식을 알리고, 찬송가를 마이크에 대고 크게 부르고, 축도 한다. 교회 일도 혼자 결정하고 혼자 나서서 다해야 직성이 풀린다. 설자리 나설 자리 구분하지 않고 무조건 모든 '자리'를 차지하니 부목사, 장로, 안수집사, 권사, 집사 누구 하나 끼어들 틈이 없다.

솔선수범형이란 사실상 독재형이다. 이들의 사전(辭典)에는 협력과 협의와 위임이란 말은 없다. 이들 자신은 '머리'이고 나머지 교인들은 '손'과 '발'에 불과하다고 확신한다. 그렇게 되면 평신도들의 자발성과 창조력은 억압되고, 무한한 잠재력은 사장될 수밖에 없다. 지도자는 평신도들에게 '피와 땀'만을 요구하지 말고, 자발적 의욕에서 나오는 '창의력'에 눈을 돌려야 한다.

누군가 평신도를 '동결(凍結)된 자산(資産)'이라고 했다. 평신도와 목사의 비율은 기껏해야 99:1에 불과하다. 1퍼센트의 목사가 할 일은 꽁꽁 얼어붙어 있는 99퍼센트의 평신도들이 겨울잠에서 깨워 자기 역량을 발휘하게 돕는 것이지, 그들을 그대로 놔둔 채 혼자서 모든 일을 다하는 것은 아닐 것이다.

침묵하는 다수

축구 선수들이 자리와 임무를 정해 놓지 않고 제멋대로 경기를 한다면, 선수들의 능력이 효과적으로 결집되지 못해 패하기 쉽다. 이런 경우 패한 요인은 전적으로 감독에게 책임이 있다.

교회도 마찬가지다. 교회 내에 훌륭한 능력이나 자질을 지닌 인재들이 많은데도, 그것을 제대로 결집시키지 못한다면 교회 전체에 크나큰 손실이다. 교회 내에 흩어져 있는 인적, 물적 자원을 어떻게 효과적으로 결집시켜, 교회 전체의 목표에 집중시키느냐의 책임은 전적으로 교회의 지도자에게 있다 하겠다.

교회 내 지도자들은 과연 이 '리더십'에 대하여 얼마나 고민하고 있는가? 특히 교회의 가장 큰 리더인 담임목사는 많은 소집단 지도자들을 어떻게 이끌고 있으며, 나아가 그들에게 어떻게 리더십 기술을 가르치고 있는가?

리더십이 부족하면 매우 값비싼 시행착오를 되풀이 하

며 조직을 이끌어 갈 수밖에 없다. 이런 경우 조직원들은 참여 의욕이 떨어지고 부담감과 좌절감을 안게 된다. 그리고 참여 의욕의 부진, 무관심, 냉소주의의 특성을 지닌 '침묵하는 다수'를 만들어 내게 된다. 이런 상황은 리더십이 없는 리더에게 책임이 있다.

진정한 리더십이란 이들 '침묵하는 다수'를 최소화하는 것이며, 나아가 이들의 입을 열게 하여 조직 활동에 적극 참여하도록 하는 기술이라 하겠다.

지도자(리더)의 유형을 수레 끌기에 비유해 보자.

첫째, 리더 혼자서만 수레를 끌고 가는 스타일이다. 조직원이 참여할 기회를 박탈하고, 혼자 모든 것을 결정하고, 혼자 모든 일을 한다. 조직원들은 참여 기회, 자기 계발의 기회, 자기 성취의 기회를 다 박탈당하면 침묵을 택하거나 낙오하게 된다. 결국 리더 혼자서 수레를 끌어야 한다. 이러한 리더는 '양떼는 앞에서 끌면 안 간다. 뒤에서 몰아야 간다'는 평범한 진리를 명심할 필요가 있다.

둘째, 리더 자신은 수레에 올라타고 조직원들에게만 수레를 끌게 하는 스타일이다. 무의미한 사업이나, 리더를 위한 일에 조직원들을 동원하여 무의미한 수고를 하게 한다. 조직원의 능력 계발을 위협으로 여기고 두려워한다.

셋째, 회원들만 수레를 끌게 하고 자신은 따로 걸어가는 스타일이다. 리더는 일을 추진하면서 조직원들을 유능한 리더로 양성시켜야 한다. 조직원들에게 일을 던져주고 가르쳐주지 않는 것은, 총 쏘는 법도 가르쳐 주지 않고 나가 싸우라는 것과 마찬가지여서, 무의미한 수고와 희생을 수반하기 쉽다. 리더 자신도 잘 모르기 때문에 그렇기도 하지만.

넷째, 회원들과 함께 수레를 끄는 스타일이다. 회원들과 함께 땀을 흘리되, 확실한 목표를 제시하고, 회원들에게 적합한 역할과 임무를 부여하고, 자신의 경험과 능력을 전수시켜 일도 성공적으로 추진하고 조직원들에게 성취감을 주는 스타일이다.

조직의 성패는 리더의 역할과 능력에 달려 있다. 교회는 리더를 세우는 데 퍽 신중해야 한다. 한 사람을 양성시키려다가 여러 사람을 잃을 수도 있다. 베드로전서 5장 2-3절의 이상적인 리더십을 참고하시라.

부정직한 베껴 먹기는 이젠 안 된다

　어느 교회 주보에 실린 설교문을 읽어 내려가다 보니,
이런 엉뚱한 문구가 괄호 안에 씌어 있었다. "이 부분에
서 적당한 예화를 하나 드세요." 설교 내용과는 전혀 관
계가 없는 이 문구가 도대체 무슨 뜻인가? 목사들에게 설
교문을 만들어 공급하는 업체가 생겨나고 있는데, 아마
도 그 업체가 제공한 설교문을 그대로 주보 제작하는 이
에게 넘긴 게 분명했다. 아무도 그것을 읽지 않았던지,
별 문제는 되지 않았다. 개인적인 설교 준비 없이, 주일
날 강단에 서서 남이 만들어 준 설교문을 앵무새처럼 읽
고 있을 그 목사를 생각하면 현기증이 난다.

　최근 교계 어느 잡지사에 독자들로부터 항의가 빗발쳤
다. 어느 목사가 그 잡지에 기고한 설교문이 교계의 유명
한 목사의 설교집에 실려 있더라는 것이다. 다른 글도 아
니고 설교인데 그럴 수가 있느냐는 항의였다.

　또 어느 목사는 다른 목사의 직접적인 체험을 자신의

체험인 것같이 설교시간에 얘기를 했는데, 어느 교인이 다른 목사의 설교 집에서 그 부분을 찾아내 항의를 했다. 거짓말로 설교를 할 수 있느냐는 항의가 제기됐고, 목사는 그럴 수도 있다고 반박하다가 결국 교회가 양분되고 말았다.

찬양대 지휘자로 일해 오고 있는 필자는, 시중의 악보 집들을 구입하여 그 중에서 적합한 곡만을 골라 자체 성가집을 매년 발간해 왔다. 다른 교회들도 대부분 이렇게 하고 있을 것이다. 그러나 이같은 관행이 저작권법 위반이라는 사실을 깨닫고, 수년 전부터 이를 중단하고 악보집을 구입해 사용하고 있다. 남의 악보를 무단으로 복사하여 그걸로 찬양을 한다는 건, 어찌 보면 도둑질 한 물건을 드리는 것과 다를 바가 없다는 생각이 들었기 때문이다.

그러나 더 큰 문제는 그런 악보들을 출판하는 출판사역시 외국의 악보들을 허락도 받지 않고 멋대로 입수하여 무단으로 출판하는 일이 많다는 점이다. 그러니 그러한 악보를 다시 무단으로 복제를 해도 출판사들은 할 말이 없을 것이다.

타인의 글을 옮겨 쓸 때 그 글을 창작해 낸 사람의 이름을 꼭 밝혀 주고, 타인의 글을 매체에 옮겨 실을 때 본인에게 허락을 받고 원문을 훼손하지 않고 그대로 사용하는 것은 법 이전에 '양심'의 문제가 아닐까? 우리가 그처럼 경계하는 '부정직성'이 이젠 설교, 찬양까지 오염시키고 있다니.

새로운 저작권법이 1997년 7월 1일부터 시행되고 있다. 이 법은 저작권 시장의 완전 개방을 의미한다. 외국의 저작물을 우리가 보호해 주어야 하고, 우리의 저작물도 외국에서 보호를 받을 수 있을 것이다. '문화 수입국'인 우리로서는 타격이 크다. 더구나 저작권에 대한 인식이 낮은 우리로서는 어려움이 많다.

외국의 저작물이나 국내 저작물들을 '선교'의 미명하에 습관적으로 마구 베껴 먹고 있는 교계의 출판사나 교회들은 정신을 바짝 차리지 않으면 안 되게 되었다. 우리 나라 찬송가에 자신의 곡이 실린 것을 뒤늦게 안 미국의 저작자가, 자신의 저작권을 침해했다고 항의를 해 왔다는 소식이다.

말

어느 영성훈련 과정을 다녀온 분의 이야기이다. 4일 코스였는데, 연수과정 내내 밥 먹는 일 이외에는 입을 쓸 일이 전혀 없었다고 한다. 강사가 성경말씀을 개인별로 적어 주면 그것을 외며 하루 종일 명상하는 것이 전부였다고 한다.

그동안 참석해 본 대부분의 세미나, 집회 등은 강사가 마이크를 입에 대고 열변을 토하는 방식이었는데, 그 훈련은 침묵으로 시작하여 침묵으로 끝났다고 한다.

그러나 그는 이 별난 프로그램에서 엄청난 체험을 했다고 고백했다. 강요된 침묵을 통해, 평소 그냥 스쳐 읽었던 성경말씀의 깊고 진정한 의미를 깨닫고 큰 은혜를 체험할 수 있었다고 한다. 그동안 얼마나 쓸데없는 말을 많이 하고, 남의 쓸데없는 말을 들으며 살아왔는지도 깨달았다고 한다. 그러한 말의 공해를 깨달은 그는, 앞으로 될 수 있으면 많은 말을 하지 않고, 듣지도 않고 살아가기로 다짐했다고 말했다.

흔히 기독교를 말씀의 종교라고 한다. 그래서인지 오늘날 교회 안에는 너무도 말이 풍성하다. 말로 시작해서 말로 끝나는 곳이 교회라고 할 만큼 교회 안에는 정말 말이 많고, 그로 인한 폐해도 적지 않은 것이 사실이다. 교인들이 비신자들로부터 말이 많다는 비판을 많이 받는 것도 그런 분위기 때문은 아닌지 모르겠다.

어쨌든 말이 너무 풍성하다 보니, 정말 중요한 말을 찾기가 어려워졌고, 말을 깊이 생각할 틈도 놓치게 되었다.

'말해야 할 때에 가만히 있고, 가만히 있어야 할 때에 말하지 말라'는 금언은 가급적 말을 하지 말라고 가르친다. '말은 빵을 씹는 것보다 더 잘 씹어야 한다'는 말은 신중히 말하라고 권한다.

또 '발은 잘못 디뎌도 금방 자세를 가다듬을 수 있다. 그러나 혀를 잘못 놀리면 돌이킬 수 없을지 모른다'는 말의 뜻은 그 말이 몰고 올지도 모르는 위험성을 우려하는 것이다.

'말은 돈이다. 과장된 말은 인플레와 같고, 약속을 실천하지 못하는 말은 부도수표와 같고, 의식적인 거짓말은 위조지폐와 같다'는 말은 진실성을 가르친다.

야고보 선생은 이렇게 말한다. "혀는 우리 몸의 한 부분이지만 온 몸을 더럽히고 인생의 수레바퀴에 불을 지르고 마지막에는 혀도 지옥 불에 타 버립니다."

말은 사색의 산물이라고 할 수 있다. 사색이 없는 말, 사색을 유도하지 못하는 일방적인 구호는 쓰레기에 불과하다고 생각한다. 교회 안에 가득 쌓인 쓰레기 같은 말들이 우리로 하여금 하나님의 말씀을 제대로 듣지 못하게 하는 것은 아닌지 모르겠다. 교회와 우리 의식에 쌓인 말의 쓰레기들을 깨끗이 치우고, 거기에 널찍한 사색의 공간을 마련해 두었으면 한다.

하나님의 말씀을 말로만 믿어야 하고, 말로만 전해야 한다는 생각은 위험하다고 생각한다. 혀보다 손발로 진리를 가르치는 교회, 말보다는 침묵으로 복음을 전하는 교회가 그립다.

반복적 경험을 향한 신앙

우리나라 교회의 주보를 볼 때마다, 어쩌면 그렇게도 서로 닮았을까 하는 생각이 든다. 대부분의 교회들이 표지에다 예배당 건물 사진이나 그림을 싣고 있다. 어떤 주보는 다른 교회의 예배당 사진이나 조감도를 싣기도 한다. 예배당 건물 다음으로 많은 것이 목자와 양떼의 그림이고, 그 다음이 기도하는 손 그림일 것이다. 세상은 변해도 교회 주보는 언제나 변함이 없이 그 모습 그대로다.

어느 모임을 가도 목사의 축도나 주기도문 암송으로 집회의 순서를 마친다. 아무 데서나 축도를 남발하는 것도 문제이지만, 주기도문을 '폐회용'으로 전락시키는 것도 잘못이라는 생각이 든다. 예배의 시작이나 중간에 넣을 수도 있는데, 왜 주기도문을 항상 마무리용으로만 사용하고 있는지 모를 일이다. 그러다 보니 초신자들도 주기도문을 폐회용으로 오해하는 수가 많다.

사도신경도 그렇다. 사도신경은 기도문이 아니라, 사

도들의 시대부터 교회 내에 널리 신봉되어 온 기독교의 기본적인 교리를 요약한 것이다. 그런데 어느덧 기도문 같이 인식되어 예수님이 친히 가르쳐 주신 주기도문의 자리를 차지할 때가 많다.

어린아이들이 식사를 할 때 숟가락을 왼손으로 들면 어른들이 제지를 하곤 한다. 그러나 왜 왼손으로 밥을 먹으면 안 되는지를 물으면, 설득력 있게 이유를 대지 못한다.

교회 주보에 성경 본문을 표기하는 방식도 이해가 가지 않는다. 가령 '엡 8:7'이라고 표기했다고 하자. 이것을 '에베소서 8장 7절'이라고 이해하고, 짧은 시간 내에 그 두꺼운 성경 66권 가운데에서 그 본문을 찾아 읽을 수 있는 사람은 그리 많지 않으리라는 생각이 든다. 그렇다면 교회에 나온지 얼마 되지 않은 사람들은 성경 본문을 찾을 때 적지 않은 애로를 느낄 수밖에 없다. 그런데도 교회 주보를 보면 '사 43:21' 같은 식으로 적혀 있다. 사사기인지, 사도행전인지, 이사야서인지 알 수가 없다. 초신자에겐 암호문으로 보일지도 모른다. 그리고 그 말씀이 성경 어디쯤 있는지도 알 수가 없어, 목차를 뒤적이다 보면 성경봉독은 이미 끝나곤 한다.

사람이란 반복되는 것에 깊은 신뢰를 갖는 경향이 있다. 거기에 예외가 있을 수 있는데도, 그걸 공식으로 삼고 거기에 안주하기를 좋아한다. 늘 그래왔기 때문에 앞으로도 당연히 그래야 한다는 생각을 한다.

반복이 계속되면 습관이 되고 습관에 물들면 그걸 변함없는 진리로 여기게 된다. 고정관념이란 대부분 '반복적인 경험'에서 비롯된 것이다. '반복적인 경험'으로 이뤄진 고정관념 속에서 벗어나는 비결은 '문제의식'을 갖는 것이다.

문제의식을 갖는다면 교회 주보는 교회마다 조금씩은 달라질 수밖에 없다. 눈을 뜨고서도 얼마든지 사도신경을 외며 신앙을 고백할 수 있다. 왼손으로 밥 먹는 걸 말릴 필요가 없다. 성경본문도 약자 대신 책이름을 정확히 써 주고 페이지 수를 함께 알려 줄 수가 있다. 전부터 그래 왔다는 것이 뭐 그리 중요한가?

고정관념을 깨는 새로운 목회전략 포인트 9

21세기를 휩쓸 7대 변화물결을 미래학자들은 정보화, 세계화, 기술혁명, 메가 컴피티션(超 경쟁), 인간과 환경의 시대, 복합화, 유연성과 스피드를 꼽는다. 그 중에서도 정보화는 사람의 라이프 스타일, 가치관에 엄청난 변화를 가져오고 있다.

문제는 그러한 변화의 속도와 폭이 점점 급해지고 있으며, 미래에 대한 예측이 불가능해지고 있다는 점이다. 따라서 사람들의 불안이나 고민, 갈등도 커지고 있다.

현재의 상황은 급류 타기로 비유된다. 고요한 호수에서 한가하게 노래에 맞춰 배를 저어 나가는 상황이 아니라, 가파른 계곡에서 보트를 타고 급류를 헤쳐 나가는 상황이라는 것이다.

이럴 때에는 변화에 기민하게 대응하지 않으면 살아남을 수가 없다. 우선 과거의 사고(思考)를 버리고, 새로운 상황에 맞는 사고로 무장해야 한다. 고정관념을 깨고 인식을 전환해야 한다.

교회가 고정관념만 붙잡고 안일하게 버틴다면 점점 무기력해지고, 급기야 급류에 휩쓸려 표류할 수밖에 없을 것이다. 고정관념을 깨는 새로운 목회전략 9가지를 정리해 보자.

1. 전략 목회

급류 타기에 성공하려면 목적지부터 명확해야 하고 상황을 제대로 읽어야 한다. 이젠 교회도 군대의 상황실이나 기업의 기획실 같은 조직을 둬야 한다. 교회를 둘러싼 미래와 현재의 환경을 철저히 파악하고 거기에 맞는 전략과 전술을 마련해야 한다. 전략 없이 주먹구구식으로 대처한다면 실패가 자명하다. 과학적, 실증적 이론을 도입하여 활용할 필요가 있다.

2. 멀티 목회

이젠 교인들은 더 이상 100인 1색이 아니라 100인 100색이다. 유아, 10대 청소년, 20대 대학생, 청년, 30대, 40대, 50대, 60대, 노인 등 나이를 기준으로 세분화하고 특성화하는 전략이 필요하다. 전도회나 구역도 직업별, 직종별, 취미별, 정보화의 정도, 결혼 여부, 성별 등으로 특성화하고 그룹화할 필요가 있다. 숟가락 하나만 들고는 다양한 음식을 먹을 수가 없다. 숟가락, 젓가락, 포크, 나이프 등을 다 들고나서는 것이 멀티 목회다.

3. 미래 목회

교인의 평균 연령은 바로 그 교회의 나이다. 교회가 대 잇기를 소홀히 하면 단산현상이 온다. 10년 후, 20년 후를 내다보고 청소년과 청년층을 미리 육성해야 미래가 있다. 그러자면 청소년 문화를 수용하고, 청소년에 맞는 프로그램을 계발하고, 전문 지도자를 확보하고, 교회 시설을 청소년들에게 과감히 개방해야 한다. 또 청소년 상담실을 운영하고, 지역사회 청소년들을 교회로 자주 초청하고, 지역사회 학교를 선교하고, 부모세대에게 신세대들과 대화하는 요령을 가르쳐야 한다. 대 잇기가 바로 미래목회다.

4. 열린 목회

교회는 지역사회의 기관, 단체, 학교, 관청, 주민, 직장인, 상인들을 향해 문을 활짝 열어 놓아야 한다. 선교하러 '땅끝'으로만 가려고 하지 말고, 교회가 위치한 공동체 사회부터 섬겨야 한다. 교회시설을 결혼식장, 장례식장, 탁아소, 주차장 등으로 지역사회에 제공해야 한다. 지역사회의 문제가 곧 교회의 문제가 되어야 한다. 교회가 지역내 학교, 관청, 가정과 공조하여 청소년 지도와 보호에 나서야 하며, 소외계층을 돌봐 줘야 한다. 특히 농어촌 교회, 가난한 이웃 교회, 기독교적 사회운동 단체 등 동역자들을 향해서도 적극적으로 마음을 열어야 한다.

5. 치유와 상담 목회

현대는 갈등과 고민의 사회다. 가족간의 갈등, 가정의 해체, 세대차이, 고용 불안, 입시 문제 등으로 사람들은 불안해 하고 있다. 가출, 이혼, 자살 등이 그 현상이다. 불특정 다수를 겨냥한 100인 1색의 목회로는 이들의 불만과 갈등, 상처를 치유해 줄 수가 없다. 모두를 겨냥하면 그 누구에게도 맞지 않는 법이다. 이젠 특정인을 겨냥한 개인 목회가 필요하며 목회자는 상담기술을 배워야 한다.

6. 틈새 목회

광장에 수백만을 모아놓고 선교대회를 열던 시대는 지나가고 있다. 교회가 설치해 놓은 그물에 걸리지 않은 고기들을 찾아야 한다. 또 미처 그물을 설치해 놓지 않는 곳을 찾아야 한다. 이게 바로 틈새 목회다. 장애인, 입시 낙방생, 외국인 근로자, 지역 내 군부대 장병들, 지역 내 관청 공무원들, 지역 내 직장인들, 지역 내 병원과 환자들, 지역 내 학교의 교사와 학생들, 지역 내 교도소나 경찰서 유치장, 지역 내 영세민이나 소년소녀가장들, 지역 내 고아원과 양로원 등을 교회가 놓쳐서는 안 된다. 특히 사이버 스페이스는 1억이 넘는 전세계 네티즌(Netizen)들에게 돈을 들이지 않고 선교할 수 있는 황금어장이다. 이것을 놓쳐서는 안 된다.

7. 달란트 목회

교회는 교인의 성장과 성숙을 병행해 추구해야 한다. 초신자들은 성장시키고, 기존의 신자들은 성숙시키면서 은사를 개발해 사역에 동참시켜야 한다. 특히 전문 분야에 대한 엘리트 사역자가 절실한 시대다. 목회는 물론이고, 찬양, 선교, 외국어, 기획, 문서 출판, 컴퓨터, 정보화, 교육 등 여러 분야의 전문 사역자를 육성해야 한다. 교회의 발전은 인재의 양성과 확보에 달려 있다.

8. 리더십의 리뉴얼

교회 지도자는 자신의 리더십을 시대에 맞게 고쳐 나가야 한다. 가장 중요한 리더십 요소는 목회자 자신의 성장과 성숙이다. 신앙, 인격, 지식 등에서 목회자 스스로 성장하고 성숙하는 모습을 교인들에게 보여 줘야 한다. 이를 위해서는 자신에 대한 냉정한 평가와 꾸준한

충전(자기 계발)이 필수적이다. 또 권한의 위임과 분산을 통한 동기부여형 리더십의 체득이 시급하다.

9. 조직과 시스템의 리뉴얼

시대는 빠른 의사결정을 요구하고 있다. 그러자면 교회 내 의사결정의 단계를 축소해야 한다. 즉 수직적 조직을 수평적 조직으로 바꾸어야 한다. 재정도 보다 투명하고도 합리적으로 사용해야 하며, 불황을 맞아 '저비용 고효율'의 원칙을 정착시켜야 한다. 교회의 조직은 교인의 신앙적 필요(Need)를 충족시켜 주도록 개편되어야 하며, 정기적인 여론조사 등 제도적인 하의상달의 장치를 마련해야 한다. 교회 행정을 공개하고, 참여와 위임을 확대하며, 항존직제를 임기제로 전환하고, 당회에 집중된 권한을 분산하는 등 민주화된 조직으로 갱신되어야 한다. 고정관념을 깨고 새로워지자!

목사 흉보기

언젠가 회사 화장실에 앉아 있는데, 바깥에서 볼 일을 보던 부하직원이 나에 대해 흉보는 걸 들은 적이 있다. 기분은 나빴지만 마치 거울을 들여다보는 기분이었다. 남에게 비친 나를 볼 수 있었다. 남에게 비친 나의 모습을 스스로 들어보기란 결코 쉬운 일이 아니다.

교인들에게 비친 목사의 모습은 어떠할까? 목회자가 교인들의 '목사 흉보기'를 직접 접하기란 쉽지 않을 것이다. 그래서 목사 흉을 좀 보려고 한다. 흉보기란 말 그대로 일방적인 헐뜯기일 수도 있지만, 그 중에는 이유 있는 지적도 있을 것이다. 이 글을 읽는 목회자가 시무하는 교회 교인들이 자기들끼리 나누는 목사 흉보기라고 생각한다면 퍽 은혜(?)가 될 것이다.

▪ '오늘 설교는 재탕이구먼', '전에 들은 설교와 똑같아', '매주 똑같은 소리…', '목사도 공부를 좀 해야지'.

▪ 설교할 때 텔레비전 드라마 얘기 좀 안 할 수 없나. 어느 교회는 '텔레비전 안 보기 운동'도 한다는데. 우리 목사님은 뭘 모르셔.

▪ 설교 때 말씀만 얘기했으면 좋겠다. 쓰잘데없는 자기 얘기만 자꾸 늘어놓으니, 설교인지 강연인지….

▪ 설교 중에 "할렐루야?" 하고 외칠 때마다 목사님 표정이 너무 무서워. "아멘!" 하고 응답을 안 하면 뭔가 날아올 것 같아. 공갈이나 협박이지 설교야? 무섭고 싫어.

▪ 설교를 하는 건지 방송 원고를 읽는 건지…. 얼마나 준비가 소홀하면 교인들 얼굴 한 번 안 바라보고 원고만 읽으시나….

▪ 도대체 설교를 듣고나면 머리에 남는 게 있어야지….

▪ 10분이면 될 얘기를 중언부언하며 시간만 끄니…. 설교가 너무 지루해. 좀 짧게 해 주었으면.

▪ 설교만 하시면 좋을 텐데, 사회에다 기도까지 혼자 독점을 하시니. 장로나 집사들에게 한 순서씩 나누어 맡기면 보기에도 좋을 텐데…. 혼자 북 치고 장고 치고…. 그러니 예배가 지루하지.

▪ 오늘 설교 시간에 목사님이 왜 그리 화를 내시지? 사모님과 한바탕 하셨나? 오늘은 설교 시간에 욕만 실컷 얻어 먹고 가네.

▪ 오늘 설교는 아무개 집사 까는 내용 아냐? 그 집사 또

상처받겠네. 설교 시간에 개인적인 감정을 표현하면 되나? 목사는 설교 통해 교인을 공격하고, 장로들은 대표기도 통해 목사를 공격하고…. 잘들 한다.

• 설교 때에는 그렇게 외쳐 놓고, 강단을 내려오면 자기부터 안 지키니…. 목사부터 언행일치가 돼야지.

• 우리 목사님은 뱀장사 같아. 마이크에서 입을 좀 떼어 놓고 사용하면 안 되나? 너무 시끄러워 정신이 하나도 없다니까. 이게 바로 소음 공해라고.

• 찬송가 부를 때 왜 마이크에 입을 대고 혼자 크게 부르는지 모르겠어. 좋지 않은 목소리에다 박자나 음정도 엉망이면서. 그럴 때면 찬송가 부를 마음이 딱 사라져 버린다고. 교회인지 노래방인지….

• 광고 좀 짧게 하면 좋겠어. 마이크만 잡았다 하면 웬 쓸데 없는 설명이 그리 긴지.

• 개척 당시에는 고무신이 닳도록 심방을 다니시더니, 교회 규모가 커지니까 아예 심방은 부교역자들에게만 맡기신다니까.

• 요즘 경제사정이 안 좋으신가봐. 틈만 나면 다른 교회에 설교하러 가시네.

• 우리 목사님은 돈푼이나 있고 유력한 가정만 심방을 가시는 것 같아. 결혼식 주례도 그런 집만 맡으신다고 소문이 났더라고.

▪ 목사들은 함께 식사를 하고 나면 아예 돈 낼 생각을 안 하더라고. 대접만 받을 줄 알지 남을 대접할 줄을 몰라.

▪ 우리 목사님은 아부하는 사람을 좋아하시는 것 같아. 아무개 집사를 잘 보신 모양이야. 대표기도를 부쩍 자주 시키잖아? 그 집사님은 때마다 목사님 집을 찾아간다지? 잘 봐, 그 양반 앞으로 머지 않아 장로 될 거야.

▪ 목사님 성지순례 떠나실 때 아무개 집사가 나서서 각 기관별로 돈을 걷어 드렸다며? 그 집사는 꼭 나서서 자기 생색내고 다른 사람들 입장 난처하게 하더라. 목사님도 그렇지, 교회에서 공식적인 경비를 받고도 그걸 또 받으면 되나 거절했어야지. 그래야 그 집사도 조심하지.

▪ 우리 목사님은 치마폭에 싸여 있어 큰일이야. 여자들 하고만 일을 하려고 하니…. 하긴 남자보다 여자들 상대하기가 얼마나 쉽나? 말도 잘 듣고.

▪ 목사가 왜 남의 아내 혼자 있는 집엘 심방 가는 거야?

▪ 목사들은 무례해. 나이 많은 사람에게도 툭하면 말을 놓거든. 권위주의가 몸에 배여 있어.

▪ 목사가 토요일에 하루종일 잔치 집이나 돌아다니면, 주일 설교 준비는 언제 하나? 배불러서 잠만 올 텐데.

▪ 목사님이 사례비 올려 달라고 장로님들에게 농성(?)을 했다며? 목사님 사례비 수준이 교인들의 평균 수입보

다 높다는 건 말이 안 돼.

▪ 교인들 헌금으로 너무 고급 승용차 구입하신 것 아냐? 가난한 교인들 시험 들겠네.

▪ 사례비 따로 드리고, 성미 드리고, 자동차 운행비 드리고, 목회 활동비 드리고, 도서비 드리고, 자녀들에게 장학금 대주고⋯. 목회자 뒤치다꺼리하는 데 교회 예산이 죄다 투입되고 마니⋯.

▪ 목사가 싫으면 교인이 떠나라고? 목사가 떠나야지 교인이 왜 떠나?

▪ 담임목사 사례비에 비해 부목사나 전도사, 사찰 사례비가 너무 적어. 그들도 최소한의 생활은 해야할 텐데⋯.

▪ 목사도 월요일부터 토요일까지 사회에 나가 돈을 벌어 봐야 해. 어디 거저 돈이 생기고, 시간이 남아도는 줄 아나?

▪ 목사라고 다 아나? 모르면 모른다고 해야 하는데 뭐든 다 아는 척한다니까. 전문가가 더 잘 알지, 목사가 더 잘 아나? 교인들도 괜히 목사 말이라면 다 맞는 줄 알고 무조건 맹신을 한단 말야.

▪ 헌금 낸 사람들 봉투 들고 이름 좀 안 부를 수 없나? 하나님이 모르실 리도 없고⋯ 결국 사람들 들으라는 거지?

▪ 우리 목사님은 공과 사를 구분하지 못하는 게 흠이야.

▪ 부흥회를 왜 하는 거야? 헌금 모으려고? 헌금 이야기 좀 안 했으면 좋겠어. 오나가나 돈 이야기뿐이니.

▪ 제직회 때 바른 말 한 번 했다가는 완전히 찍히고 만 다고. 입 다물고 있어야지.

▪ 목사가 먼저 변해야 교회가 달라지지. 교인이 아무리 변해봐야 소용이 없다니까. 갈등만 생기지.

제3장

한국 교회에 바란다

복음과 진리의 뒤틀림

오늘 한국 교회가 당면한 가장 심각하고 큰 문제는 복음과 진리의 뒤틀림 현상이다. 복음과 진리를 뒤틀리게 하는 가장 큰 요인은 교회 지도자에게 있다고 볼 수 있다. 교회 지도자의 질적 저하가 복음과 진리를 뒤틀어 버리고, 복음과 진리가 뒤틀림으로써 교회와 교인의 세속화를 초래하고, 다시 지도자를 오염시키는 악순환이 거듭되고 있다.

1. '말씀'의 왜곡현상을 경계하자

천주교를 '구교(Catholicism)'라 하고, 우리를 '개신교(Protestant)'라 한다. 1517년의 종교개혁 사건에 뿌리를 두고 있는 우리 개신교는, 지난 480년 동안 개혁신앙을 통하여 인류의 구원사에 커다란 발자취를 남겼다. 그러한 뿌리와 전통을 이어받은 우리나라 개신교가 오늘날 교회 안팎으로부터 '개혁'을 요구받고 있음은 아이러니하다못해 부끄러운 일이다.

'개신교'는 '改新性'을 갖고 있다. 교회 공동체는 끊임없는 자기 갱신을 통하여 세속문화를 복음화해 나갈 사명이 있다. 교회가 이것을 거부할 때마다 하나님께서는 요시야 왕이나 마르틴 루터 같은 이들을 통하여 크고 작은 종교개혁을 이루셨다.

오늘 우리나라 개신교가 안고 있는 극심한 물량주의와 이기주의, 신앙의 기복화와 무속화, 윤리적 타락, 무자격 성직자의 양산과 성직의 직업화, 교권의 남용, 신행(信行) 불일치, 교회의 대사회 무기력증, 교회 정치의 세속화 등은 분명히 개혁의 대상이다. 특히 그러한 상황에서 일어나는 말씀의 왜곡은 개신교의 뿌리를 흔들며 교회의 세속화를 가속시키고 있다.

1517년의 종교 개혁가들이 '오직 말씀으로!'라는 캐치프레이즈를 내걸었다는 것은, 당시에도 말씀이 얼마나 왜곡되어 있었나를 짐작하게 해 준다. '교회의 부흥과 성장'이라는 이름 아래 자행되는 말씀의 왜곡, 축소, 확대, 변질, 날조는 '무허가 부실 건축물' 같은 거짓된 교회들을 무성히 번식시키고 있다.

우리 개신교가 정말 두려워해야 할 것은 교인 수 증가가 멈추었다는 사실보다, 말씀의 왜곡 해석과 그로 인한 교회의 타락현상이라고 생각한다.

2. 강단을 살리자

교회개혁에 있어 가장 중요한 건 강단 살리기다. 설교자는 한 주간 내내 말씀을 준비하고 그릇을 깨끗이 하여 주일에 아버지 집에 찾아온 성도들에게 설교를 통해서 죽은 자를 살리고 약한 자를 강하게, 슬픈 자를 기쁘게, 없는 자를 있게 하고, 무명(無命)한 자를 유명(有命)하게 해야 한다.

그러나 현실과 야합하고 타협하여 자기 소신대로 성경을 해석하고 가르치는 일이 생기고 있다. 설교자들의 목소리는 커졌고 강단은 높아졌지만 그 목소리에 자신감이나 진정한 용기가 없어졌다. 강단 아래에서 설교를 듣는 사람들의 눈치를 보느라 말라기, 이사야, 예레미아가 외쳤던 예언의 말씀을 제대로 선포하지 못하고 있다. '공의'는 생략하고 '사랑'만을 강조한다.

그런 가운데 교인들에게 예배의 정신을 제대로 훈련시키지 못했다. 또 예배의 초점을 설교에만 맞춰 온 결과, 설교를 예배 그 자체로 생각하는 현상이 일어나, 명설교자인 담임목사가 설교를 하지 않는 날에는 예배 인원이 급격히 줄어든다. 단 꿀만 빨아 마시려는 이기적인 교인들을 양산해 놓은 장본인은 바로 목회자들이다.

그 결과 설교자들은 누구나 설교 준비로 인한 스트레스를 받게 되었다. 이런 이들을 위해 설교자료 공급업

체까지 생겨났다. 이것이 한국 교회 설교의 영성을 죽이고 있다는 비판도 없지 않다.

설교자들은 설교 문안을 완전히 소화해야 하며, 무리들과 눈이 마주쳐야 한다. 그런데 많은 설교자들이 설교문을 외우지 못해서 닭이 물 마시듯이 원고를 보고 읽고 있다. 이는 설교 준비가 빈약함을 드러내 준다.

말씀의 추상화도 문제다. 원인이나 현상만 강조할 뿐 대책이 없는 설교, 이론적 접근에 그치는 지식 위주의 설교, '~하라'만 있고 '어떻게(How to)'가 없는 설교는 구체적인 변화를 이끌어 내지 못하고 있다.

또한 하나님의 말씀을 대언하는 것이 아니라, 설교자의 주관적 생각을 강요하는 설교, 말씀으로 특정인을 공격하는 구타형 설교, '아멘'만을 강요하는 일방적인 설교, 거칠고 폭력적인 언어의 설교, 반대파를 정죄하고 자기를 변호하는 설교가 강단을 오염시키고 있다.

그리고 꾸짖음과 격려, 위로가 균형을 이루지 못하는 설교, '공의'는 없고 '사랑'만 강조하는 설교, 아픔만 주고 용기를 주지 못하는 설교도 강단을 약화시키는 원인이다.

커뮤니케이션이 되지 않는 설교도 많다. 메시지가 회중들에게 얼마나 전달되고 있는지에 관심 없이 그저 일방적으로 내뱉고, '아멘'만을 강요하는 설교가 얼마나 많은가. 설교자는 자신의 설교 모습을 녹화하고 철저히 비판해 볼 필요가 있다.

3. 예배를 회복하자

오늘날 개신교의 예배는 로마 교회의 미사 중심의 예배 형식을 닮아 가고 있다. 특정인에게 전문화되고 다수의 교인들은 구경만 하는 예배, 목회자 혼자 예배를 드리고 교인들을 그것을 방청하는 식의 예배로 변질되어 가고 있다. 목회자를 하나님과 인간 사이 중보자로 내세우고, 하나님보다 사람이 영광을 취하고, 하나님보다 목회자의 말을 많이 들어야 하는 종교개혁 이전의 예배를 닮아가고 있다.

그러다보니 예배가 의미나 내용보다 형식적으로 흐르고, 설교가 예배의 알맹이가 되고 나머지 순서는 보조 수단으로 전락하게 되었다.

더욱 심각한 문제는 예배가 무속신앙을 닮아가고 있다는 점이다. 축복을 남발하고, 헌금을 받고 복을 파는 듯한 무속적이고 기복적인 '제사 같은 예배'가 성행되고 있다. 무속인을 찾는 사람 가운데 65퍼센트가 기독교인이라는 어느 통계는 무엇을 의미하는가?

그럼에도 불구하고 '믿습니다'만을 강요하는 획일적이고 일방적인 교회문화 속에서 교인들이 이러한 문제점을 거론하기란 결코 쉽지 않은 일이다.

교회와 교인의 세속화

1. '교회 성장병'에서 벗어나자

우리나라 교회는 예배당의 크기, 교인의 수로 목회자를 평가한다. 교회는 믿는 이들의 공동체인데, 믿는 이들보다 그들의 수, 그들이 들어가 예배 드리는 건물이 목적이 되어버렸다. 1998년초 교회 안팎에 엄청난 충격을 몰고 온 어느 대교회 사건은, 상상을 초월하는 예배당 공사비에서 비롯된 것으로 밝혀졌다. 멀쩡한 기존의 건물을 헐어 버리고 엄청난 돈을 들여 그 자리에 다시 더 크고 화려한 건물을 짓는 모습이, 과연 IMF시대를 살아가는 비신자들에게 어떻게 보일 것인가?

그럼에도 불구하고 어떤 교회는, 인근 학교 강당을 교회로 빌려쓰고 남는 예산을 선교비 등으로 사용하고 있음은 희망적인 일이다.

총동원 주일이라는 미명하에 많은 상품을 마련해 놓고 교인 쟁탈전 벌이기도 한다. 어떤 이는 이를 두고 '총도

둑 주일'이라고 한다. 먼 곳의 얼마 안 되는 교인마저 확보하려고 버스까지 보내 준다. 버스 운영비만 아껴도 농어촌 교회 개척에 큰 도움될 것이다. 그러나 이사가는 교인들에게 가까운 교회에 나가라고 권하는 작은 교회들이 있고, 훈련받은 교인들은 더 작은 교회로 가라고 권하는 대교회가 있음은 반가운 일이다.

서울 향린교회는 창립 40주년을 기해 '교인정원제'를 선언했다. 이는 교회의 크기를 500명으로 제한하고, 그 이상을 초과하면 분가 선교를 실시하자는 것이다.

예배당 짓기, 기도원 짓기, 묘지 조성, 담임목사 박사 학위 취득하기가 유행이 되어버렸다. 자립한 교회들이 농어촌 교회 지원, 장애인 선교 등 이웃 돌보기에는 관심이 없고 개교회 확장에만 골몰하고 있다. 부동산을 소유하고 투기를 하기도 한다

교회가 부동산이나 동산을 쌓아 두는 것은 성경적이지 못하다. 기도원이나 묘지도 노회 차원에서 공동으로 마련해야지, 모든 개교회가 이 일에 나선다면 이 땅은 황폐하고 말 것이다.

교회가 내적 성장에만 골몰하면, 교인은 수단적인 존재로 취급되기 쉽다. 목회자와 교인간의 만남도 '나와 너의 만남'이 아니라 '나와 그것의 만남'이 되기 쉽다. 구원의 대상인 교인이, 예배당 자리를 채워주고 헌금이나

내주는 수단적 존재로 인식되기 쉽다. 그러한 상황에서는 잃어버린 한 마리의 양을 살피는 목자의 마음을 찾아보기가 어렵게 된다.

교회는 사람을 소집하여 땅 사고 집 짓는 것이 목적이 아니고, 사람을 변화시키는 곳이어야 한다. 속으로 군살만 찌우지 않고 다이어트를 하며 밖으로 내보내는 교회, 흩어지는 교회가 능력 있고 살아 있는 교회가 아닐까?

2. 어떤 복을 어떻게 받느냐가 중요하다

신앙의 궁극적인 목적은 하나님의 복을 받는 데 있다. 무엇이 진정한 하나님의 복이며, 어떻게 그 복을 받을 수 있느냐가 중요한 문제다.

그러나 강단에서 외치는 축복성 설교는, 이 세상에서의 물질적인 복만을 '복'으로 여기게 하며, 헌금이나 헌신이 복과 은혜의 전제조건이 될 수 있다고 잘못 가르치고 있다. 교인들도 감사나 찬양의 기도보다, '달라'는 간구의 기도에 익숙해졌다.

이런 기복적이고 무속적인 신앙이 뿌리내리는 데 온상 역할을 한 것이 잘못된 부흥회다. 부흥회는 교회 발전에 긍정적인 효과와 함께 심각한 후유증과 역기능도 함께 남겼다. 정도(正道)를 벗어나 교인들에게 아픔을 주고 교회에 후유증을 남기는 잘못된 '부흥회(不興會)'도 없지 않았다.

부흥회가 개혁되려면, 부흥사들이 자비량으로 부흥회를 인도해야 한다. 부흥사를 파송하는 교회가 선교 차원에서 출장비를 제공하여, 해당 교회에서 개인적으로 강사료를 받지 않도록 해야 한다.

부흥회에서 은혜와 복을 받기 위해 돈을 바친다든지, 일시적인 충동으로 은혜를 돈으로 환산하여 바치겠다는 발상은 대단히 위험한 것이다. 부흥회를 통해 건축헌금을 마련하겠다는 것도 대단히 위험한 발상이다.

3. 교회는 서로 경쟁관계가 아니다

기업들은 서로 경쟁관계에 있다. 한 쪽이 잘 되면 다른 한 쪽이 그만큼 손해를 본다. 그러나 교회들은 하나의 지체로 동업자이지 경쟁자가 아니다. 많은 교회들이 마치 기업같이 서로 경쟁의식을 갖고 있는 건 잘못된 일이다.

개교회가 교회 내의 각 기관을 통솔하기 위해 '지체'를 강조하면서도, 역시 한 지체인 개교회들이 연합하고 협력하지 못하고 서로 경쟁하는 것은 모순이 아닐 수 없다. 이러한 분위기에서 우리 교인들은 알게 모르게 '개교회주의'라는 이기주의에 깊숙이 빠져들고 있다.

협력은 시너지를 이뤄낸다. 교회들이 서로 형제 교회라는 걸 인식한다면, 당연히 이웃의 어려운 교회를 도와야 하고, 중복 투자를 피해야 한다. 교회 운영과 관련된 여러 가지 성공사례, 실패사례를 당연히 공유해야 한다. 형제 교회를 돕지 못하는 교회가 비신자나 지역사회를 도울 수 있을까?

이웃 교회에 좋은 일이 있을 때 축하해 주고, 이웃 형제 교회가 행사로 주차장이 부족할 때 주차시설을 선뜻 제공하거나, 예배당을 건축할 때 예배 장소를 빌려주는 일이 하나의 '보기 드문 현상'으로 인식되고 있음은 비정상적인 일이다. 이는 교회 지도자들이 교인들을 잘못 가르친 결과다. 이러한 경쟁의식이 수많은 교파를 만들어 낸 것이다.

다른 교회를 형제 교회로 여기지 않는 이기주의적인 교회문화 속에서는 교회를 옮기기도 어렵다. 다른 교회로 가는 것이 공동체를 이탈하는 배신의 행위로 인식할 것을 두려워 한다.

4. 자비량 정신으로 성직의 직업화를 극복하자

간혹 교회를 판다는 광고를 교계신문에서 볼 수 있다. 건물만이 아니라 교인까지 끼워서 팔아 넘기겠다는 얘기다. 그 예배당 건물이 누구의 것인가? 그 교인들이 팔 수 있는 존재인가? 이쯤 되면 목회도 하나의 사업이며, 목사직도 '밥벌이 직업'으로 전락한 느낌이다.

교회는 과연 누구의 것인가? 모두들 하나님의 교회라고는 하지만, 적지 않은 교회가 교회 재산의 소유권을 놓고 분쟁을 벌이곤 한다. 목사가 직접 개척을 한 교회의 경우에는 목사가 사실상의 소유권을 쥐고 있으며, 그 교회를 떠날 때에는 투자비(?)와 프리미엄까지 받아가곤 한다. 이는 하나님의 재산권에 대한 심각한 도전이 아닐 수 없다.

목회자의 사례비도 성직의 직업화에 적잖이 기여하고 있다. 사례비를 제대로 받지도 못하고 미자립 교회에서 헌신하는 목회자들에게는 꿈 같은 소리겠지만, 웬만한 교회라면 목회자의 사례비 문제가 매년 말 이슈가 된다. 마치 회사와 노조가 임금협상을 벌이는 듯한 딱한 모습이 전개되기도 한다. 일반 교인들의 수준을 훨씬 뛰어넘는 사례비를 요구해 교인들과 갈등이 생기기도 한다.

사례비를 둘러싼 또 하나의 문제는 담임목사와 부교역자, 다른 유급 직원간에 지나칠 정도의 격차가 나타나는 점이다. 역할과 책임에 따라 차등은 두어야겠지만, 한 교회를 섬기는 이들이 기본적인 생활에서 생활의 불균형을 느껴서는 안 될 것이다.

한 조사에 의하면, 부목사나 전도사 등 부교역자의 사례비는 담임목사의 3분의 1이나 4분의 1 수준밖에 안 된다고 한다. 그래서 모든 목회자들이 당회장이 되려고 하는 것이 아닐까? 사례비를 비롯하여 여러 가지 후생 복지 대책이 담임목사 한 사람에게만 편중되어 있는 것은 불합리하다. 총회나 노회가 적절한 수준의 사례비 조정을 마련하여 개교회에 제시해 줄 필요가 있다.

목회자들의 납세에 대한 태도도 짚고 넘어가야 한다. 목회자들이 세금을 내는 것이 옳으냐 그르냐를 떠나 교인들을 가르치는 교사로서 당연히 근로소득세를 내는 것이 좋다고 생각한다.

찬양대 지휘자 같은 이들에 대한 사례비, 설교자나 강사를 초청할 때의 사례비에 대한 잡음도 시정돼야 할 문제다. 주방에서 봉사하는 여집사의 전문성과 오르간 반주자의 전문성이 뭐가 다른가. 은사와 봉사라는 차원에서 어떻게 우열을 평가하겠는가?

교회 내에 사례비를 받고 일하는 이들이 많아지면 헌신적으로 봉사하는 교인들이 낙심하게 된다. 사례비는 월급이 아니라 '사례비'다. 사도 바울은 자비량 선교를 했다. 자비량의 정신을 잊으면 성직자도 근로자가 되고 만다. 목회자들도 돈을 벌어봐야 보다 생생하고 구체적인 메시지를 교인들에게 줄 수 있으리라 생각한다.

5. 교회 정치가 세속정치 수준을 넘어야 한다

수년 전 대통령 선거를 앞두고 각 교단 총회장들이 성

명을 낸 적이 있다. 대통령 선거에 돈을 쓰지 않도록 대책을 세워야 한다면서 공명선거를 촉구한 것이다. 그걸보고 웃는 이들이 있었다. 교단 지도자 선출 과정이 세속정치와 다를 게 없다는 걸 잘 알기 때문이다.

교회 정치가 세속 정치 수준을 넘어야 하는데, 정치에꿈을 둔 정치꾼들이 교계를 정치 무대로 착각하고 세속정치판과 다름없는 행각을 벌이곤 한다. 대표적인 것이총회장 선거다.

이러한 부끄러운 문화는 개교회의 정치에까지 영향을끼치고 있다. 항존직 선출시 선거운동을 하고, 거액을 내고 항존직을 사기도 한다. 또 교회 내 여러 직분들은 수직적 관계로 계급화하고 권력구조화하고 있다.

6. 지역사회와 더불어 사는 교회

요즘 '소시오 컴퍼니(Socio Company)'라는 말이 있다. 지역사회 깊은 관심을 갖는 기업을 이른다. 이윤을추구하는 기업도 지역사회와 더불어 살아가기 위해 이윤을 적극 환원하고 있다.

세상 구원을 사명으로 삼고 있는 교회는 어떠한가? 교회가 위치한 동네에서 환영을 받는 교회가 얼마나 되는가? 왜 동네에 교회가 들어설 때 주민들이 반대를 하는가? 자신이 소속한 사회에 무관심한 교회, 지역사회에 관

심을 갖지 않고 내적으로만 비대해 가는 교회, 도덕적이
나 윤리적으로 기대할 만한 가치관을 지니지 못한 교회
나 교인이 아무리 많아 봐야 지역사회는 좋을 게 없다.
세상이 달라질 것도 없다.

교회가 지닌 물질, 문화, 가치관을 지역사회와 나눌 수
있을 때 교회는 비로소 영향력을 지닐 것이며, 그 지역사
회에 하나님의 통치가 이뤄질 것이다.

7. 썬데이 크리스천에서 에브리데이 크리스천으로

교회 내에 형식주의, 이론주의가 깊숙이 자리잡고 있
다. 말로 시작해서 말로 끝나는 구체성 없는 설교, 이론
적이고 추상적인 여러 신앙교육 프로그램, 형식적인 예
배 등이 그것이다. 이러한 문화는, 신앙은 갖고 있으나
신앙생활을 하지 못하고, 원칙은 아는데 그걸 삶에 적용
하지 못하는 많은 '썬데이 크리스천' 을 양산해 놓았다.

모든 것을 교회와 세상, 성스러움과 세속스러움, 천사
와 사탄, 선과 악, 이 세상과 죽은 후의 세상으로 극단화
시키고 어느 한쪽만을 절대적인 판단 기준으로 삼는 경
직된 이분법적 사고가 교회 내에 깔려 있는 것이다.

알맹이보다 겉을 더 중시하는 형식주의는 주일성수의
정신보다 주일성수 자체를, 십일조의 정신보다 십일조
행위 자체를, 하나님 공경이나 사랑의 실천 여부보다 금

주와 금연, 제사 지낼 때 절 안 하는 것을 더 중요하게 여기게 했다. 진정한 신앙의 실천은 그다지 중요하지 않은 문제가 되고 있다.

이분법적 사고하에서는 성직만 거룩한 일이고 세속적인 직업은 가치 없는 일이 된다. 그래서 신자들은 현실을 도피하거나 타협해 버림으로써 세상에 대한 영향력을 포기하고 이중적인 처세를 하게 된다.

8. 정확성과 정직성으로 윤리성을 회복하자

이분법적 사고는 결국 기독교의 높은 도덕성과 윤리성도 함께 무너뜨렸다. 문민정부가 한창 사정을 벌일 때 수감된 파렴치범 중 기독교인이 적지 않았다고 한다. 이러한 사실은 무엇을 말해 주는가? 구원을 받아 거룩해졌다는 기독교인과, 구원을 받지 못한 불쌍한 비기독교인(죄인)들이 윤리적으로 별 차이가 없음을 말해준다. 이러한 현상은 김대중 정부가 들어선 이후에도 계속 되고 있다.

언젠가 기독교윤리실천운동에서 교회 내의 저작권법 위반사례를 조사하여 발표한 바 있다. 설교문, 성가대 악보집, 교회 컴퓨터의 소프트웨어, 교회 내 여러 출판물 등 곳곳에 남의 창작품이 무단으로 이용되고 있었다.

대형집회의 참석자 수나, 교인 수를 발표할 때 교회는 습관적으로 뻥튀기를 한다. 교회 버스들이 대수롭지 않

게 교통법규를 위반하고, 교회 지도자들이 외화를 밀반
출하고, 교회 지도자들이 교회 재정을 사용함에 있어 공
과 사를 구분하지 않고, 관리에게 돈 봉투를 찔러주고 각
종 인허가를 받아 내는 부정직한 일들이 교회 내에서 심
심찮게 벌어지고 있다.

교회와 교인들이 윤리의 불감증에 걸려 있는 것이다.
이는 신행일치의 훈련이 제대로 이뤄지지 않고 있는 증
거다. 이는 교회가 교인들을 지도함에 있어 지나치게 이
론적으로만 훈련을 시켰거나, 교인들을 인격적으로나 신
앙적으로 성숙시키지 않고 단지 교세 확장 요원으로 양
성하지 않았는지를 되돌아보게 하는 심각한 문제다.

9. 목회에 성차별이 있어서는 안 된다

교회에는 왜 여성이 남성보다 많은가? 그 이유는 알 수
가 없다. 다만 기독교가 여성만을 위한 종교가 돼서는 안
된다.

금요일 밤에 각 가정에서 모이던 구역예배가 낮 시간
으로 옮겨졌다. 남성 교인의 참여를 포기한 것이다. 이는
교회가 여성을 목회의 중요한 대상으로 보고 있음을 엿
보게 한다. 여성 교인들은 남성 교인에 비해 시간적으로
나 경제적으로 여유가 많아 교회에 보탬이 된다. 양성이
나 통솔도 남성보다 쉬운 편이다. 만약 그러한 이유로 교

회가 여성을 선호한다면 이는 기독교의 성비(性比)를 깨는 심각한 일이다. 그렇게 되면 기독교는 '아줌마 종교'로 전락할 수도 있다.

기독교인이 국민의 25퍼센트라고는 하지만 남성의 경우는 그 절반에 불과할 수도 있다. 사회에서 영향력을 가지고 있는 것은 아직도 남성이다. 파렴치범 중 남성이 여성에 비해 훨씬 더 많은 것만 봐도, 죄를 생활화하고 있는 건 아직은 남성들이다. 이들 남성 직장인에 대한 선교가 이뤄져야, 우리 사회에 진정한 하나님의 통치시대가 임할 수 있다. 교회가 남성들을 포기하거나 소홀히 해서는 안 된다.

교회의 많은 일을 여성들이 헌신적으로 감당하고 있지만, 교회 내의 의사결정을 남성들이 주도하고 있는 것도 문제다. 당회나 여러 부서와 기관의 장을 여전히 남성들이 맡고 있는 것이다. 목회에 있어 성차별이 생겨서는 안 될 것이다.

목회에 성차별이 생긴다면 교회의 균형적 발전에 좋지 않은 영향을 미칠 것이다. 남성이든 여성이든 어느 한쪽이라도 포기한다면 절반의 실패가 된다.

지도자의 문제

1. 지도자의 발굴과 양성이 문제다

앞서 살펴본 복음과 진리의 뒤틀림이나 교회와 교인의 세속화는 결국 교회 지도자들의 솔선수범이 이뤄지지 않아 생기는 문제다. 교회 개혁의 90퍼센트는 목회자의 몫이다. 그러나 교인들의 몫도 10퍼센트가 된다. 교회 개혁은 목회자의 동의 없이 이뤄질 수가 없다.

목회자는 각 교단 신학교에서 배출하고 있다. 우수한 목회자를 양성하기 위해서는 우수한 교수의 확보, 목회자의 자질과 인격을 갖춘 참신한 학생, 신학 교육을 시키기에 적합한 시설과 재정이 전제된다.

우리나라의 교단은 150개, 신학교는 36개, 무인가 신학교는 350개쯤 된다. 만약 이들 무인가 신학교가 자질 없는 학생을 받아들여 제대로 교육을 시키지 않고 목사로 배출한다면 큰 문제가 아닐 수 없다. 무자격 의사 배출과 다를 게 없다. 그런데 18만 명쯤 되는 목회자 가운

데 70퍼센트가 무인가 신학교 출신이라는 데 문제의 심
각성이 있다.

　최근에는 교도소의 수감자들에게 통신강좌를 통해 신
학교 과정을 마치게 한 뒤, 출소 후 안수를 주는 엉터리
기관도 생겨나고 있다. 이들에게 영혼을 맡긴다는 건 고
양이에게 생선가게를 맡기는 것과 다를 게 없다. 이러한
현상은 극심한 교단 분립의 결과라고 할 수 있다.

　목회자 지원자 개인의 자질이나 사명감도 문제가 되고
있다. '신학교에나 가 보자'는 안일한 의식을 가진 지원
자들이 목회자가 된다면 교회는 더욱 무기력해지고 부패
할 수밖에 없다. 사명의식이 없거나 기본기가 부족한 신
학생이 목사 안수를 받아서는 안 될 것이다.

　참고로 다음 통계는 1994년 2월에 미션 리서치가 장신
대 신대원생 500명을 대상으로 조사한 것이다. '한국 교
회가 극복해야 할 가장 중요한 문제'라는 질문에 대한 응
답 결과는 다음과 같다. 목회자의 자질 부족이 가장 큰
문제인 것으로 나타났다.

　⑴ 목회자의 자질 부족(32.7%)

　⑵ 교파의 난립(24.7%)

　⑶ 영성의 부족(10.0%)

　⑷ 개교회주의(9.8%)

(5) 물량주의(8.8%)

(6) 사회에의 무관심(7.1%)

(7) 기타(6.3%)

2. 새로운 리더십으로 무장하자

리더십이란 집단 또는 조직의 방향을 설정하고, 구성원의 목표 지향적 과업행동을 촉진시키며, 집단의 유지와 문화의 창출에 영향을 미치는 과정이라고 정의된다. 쉽게 말해 조직 구성원을 잘 이끌어 나감으로써 조직을 발전시켜 나가는 과정이다.

담임목사의 종합적인 리더십은 교회 조직의 발전은 물론이고, 교인 개인의 신앙성장에도 큰 영향을 미칠 수밖에 없다. 그래서 담임목사가 잘못된 리더십을 발휘할 경우, 교회와 교인들은 정체성의 상실과 함께 상처와 갈등을 안을 수도 있다.

왜 목회자의 리더십이 달라져야 하는가?

첫째, 교인들이 달라지고 있기 때문이다. 정보통신 매체의 발달, 신앙 관련 정보 매체의 급증으로 최신의 정보와 지식으로 무장한 교인들이 늘어나면서, 목회자의 리더십은 손상 받고 있음을 알아야 한다. 최고 수준의 설교집과 설교 방송을 쉽게 접하는 교인들보다 더 많은 지식이나 정보를 확보하지 못한 목회자가 종전의 '권위'를 유지하기는 어렵다.

무엇보다 소위 '신세대'의 등장은 기존의 리더십을 송두리째 흔들며, 문화의 충돌과 대화의 단절현상조차 초래하고 있다. 한 마디로 교인들을 옛날 교인으로 보면 곤란하다.

둘째, 민주화 의식이 확산되고 있기 때문이다. 교회는 가장 비민주적이고 비합리적이고 폐쇄적인 집단으로 보일 수 있다. 최근 10여 년간 우리나라 사회의 가장 큰 변화는 바로 '민주화', '합리화', '개방화'라 할 수 있다. 이러한 변화된 의식에 고전적인 리더십이 과연 먹혀들어 갈 수 있을까?

셋째, 교회와 지도자의 윤리성 훼손 때문이다. 교인들이나 비신자들은 사회가 타락할수록 자기보다 더 높은 윤리성을 지도자에게 요구한다. 도적적으로 우위에 있는 리더에게는 저절로 리더십이 주어진다. 그러나 오늘날 교회 지도자의 도덕성이나 윤리성은 적잖이 손상되어 있기 때문에 윤리성의 회복 없이 교회 지도자의 리더십이 회복되기는 어렵다.

넷째, 정보화 사회가 도래하고 있기 때문이다. 즉 농경사회에서 산업화 사회로, 산업화 사회에서 정보화 사회로 급속히 변화하고 있다. 정보화 사회인 제3의 물결은

탈공업화로 선진 공업국에 의해 강화되고 있는데, 10-20
년만에 기술의 혁명, 가치관의 급격한 변화, 가족 관계의
붕괴, 경제 질서의 재편, 정치 철학과 이념의 마비, 가치
체계와 내용의 파괴를 가져오고 있다. 이런 와중에서 리
더십의 패러다임도 달라지지 않으면 안 된다.

그러면 목회자들은 어떤 방향으로 리더십을 회복해 나
갈 것인가?

첫째, 리더의 중요한 사명은 명확한 비전의 제시에 있
다. 목회자 리더십은 그 조직(교회)을 어디로 이끌어 갈
것인가를 조직원들에게 명확히 제시해 주는 데서 시작된
다. 조직의 비전을 알아야 교인 개인이 할 일(사명)을 알
수 있다. 물론 그 목표는 조직원들의 합의 과정을 거쳐서
결정되는 것이 효과적이다. 리더는 그 목표를 향해 교인
들의 다양한 역량을 효과적으로 결집하고 전략화하는 기
술을 갖고 있어야 한다. 그러한 과정이 바로 리더십이다.

둘째, 리더십에는 사람 중심, 일 중심의 스타일이 있
다. 성경은 일 자체보다 그 일을 통한 사람의 변화에 비
중을 두고 있다. 일 중심의 리더십은 사람 중심으로 변화
되어야 한다.

또 전제적 리더십이나 자유방임적 리더십도 민주적 리
더십으로 변화되어야 한다. 교회 운영의 모든 권한이 목

회자 한 사람에게 집중되어 있을 경우 문제가 생긴다.

그리스도로 인하여 하나님과 화목한 자는 누구나 주의 종이요 왕 같은 제사장이다.

그러나 '왕 같은' 목회자의 권위주의가 왕 같은 제사장들을 무장해제시키고 있다. 교회 지도자들은 교회 구조를 계급화하고, 교인들에게 일방적인 맹종을 강요하면서, 문제제기를 할 수 없도록 교권을 휘두르고 있다. 교인들은 자립하지 못하고 목회자에게 의존하는 가두리형 교인으로 무기력해지고 있다.

모든 분야에서 중앙집권적 권력은 하부로 위임되거나 분산되고 있다. 교회의 권한도 이젠 그렇게 되어야 한다. 권한이 분산되고 구성원의 참여가 확대되어야 인재가 양성되고 조직이 발전할 수 있다. 목회자들은 자신이 모든 분야에서 전문가라는 권위주의, 내가 아니면 안 된다는 독선에서 벗어나야 하며, 자신에게만 집중된 권한을 분산시키고 위임하지 않으면 안 된다.

사람의 능력은 경험의 기회가 만들어 낸다. 리더가 어떤 일을 잘할 수 있는 것은 그 일을 해 볼 기회가 많았기 때문이다. 그러므로 리더는 기회를 독점해서는 안 된다. 리더십은 위임에서 출발하며, 위임은 애정과 신뢰의 구체적인 표현이다. 과감한 위임은 리더나 구성원 모두에게 도움이 되며, 궁극적으로는 조직의 발전에 기여하게 된다.

이제 혼자 앞장서서 조직을 이끌어 가는 솔선수범형 리더의 시대는 갔다. 이제 리더가 할 일은, 조직원들 스스로가 신바람이 나서 일하도록 동기를 부여해 주는 것이다.

'어떻게 하면 교인들을 목회에 더 많이 참여시킬 것이냐'가 앞으로 교회 발전에 관건이 될 것이다. 당회가 모든 권한을 장악하고 시시콜콜한 문제도 당회의 허락을 받아야 한다면, 젊고 의욕적인 일꾼들은 더 이상 그 교회에서 봉사하려 하지 않을 것이다.

셋째, 목회자 리더십의 회복을 위해서는 목회자들이 윤리적으로 권위를 회복해야 한다. 목회자의 도덕성이 교인들보다 높은 수준일 때 리더십이 확보된다. 정직성과 진실성보다 더 강한 리더십은 없다. 목회자들부터 정직성을 회복해야, 교회 안의 오염된 치부를 치료할 수 있으며, 교회로 몰려오는 세속화의 물결을 막을 수 있다.

93년도 한국 갤럽이 조사한 〈직업인들에 대한 윤리성 평가〉에서 가장 윤리적이고 정직한 직업은 신부, 텔레비전 기자와 아나운서, 승려, 신문기자, 교사, 목사의 순이었다.

목회자들부터 재산을 공개해서라도 정직성을 회복해야, 교회 안의 오염된 치부를 치료할 수 있으며, 교회로 몰려오는 세속화의 물결을 막을 수 있다.

넷째, 교인들을 통치하기보다는 섬겨야 한다. 지도자란 조직과 구성원을 위하여 존재하는 것이다. 그러나 오늘 우리나라 일부 교회에서는 리더가 주(主)이고 조직과 구성원은 종(從)인 수가 많다.

교회를 목회자 자신의 소유물로 여기고, 교인들을 섬기기보다 통치하려는 리더십은 이미 죽은 것이다. 이러한 전제형 리더십은 겉으로는 매우 강해 보이지만, 사실상 리더십이 부족해서 생겨난 궁여지책에 불과하다. 즉 독재를 하고 있는 목회자 리더는, 그의 리더십은 이미 약화되어 있음을 인식할 필요가 있다. 미국 교회의 어느 목사가 우리나라 대교회를 돌아보고 가서, 한국 교회의 목사는 왕 같다는 글을 쓴 걸 읽어본 적이 있다.

교회 지도자들은 이제 교인들을 고객으로 섬기고 동역자로 여겨야 할 것이다. 목회자들은 자신을 우상화하는 교인들을 경계하고, 스스로 인간선언을 할 필요가 있다.

다섯째, 교회의 리더란 사실상 하나님 앞에서는 팔로워임을 잊어서는 안 될 것이다. 따라서 하나님을 유일한 리더로 섬기고 순종하는 충실한 종일 때, 그는 진정한 리더십도 갖추게 될 것이다.

"하나님의 양떼를 먹이십시오. 그들을 잘 감독하십시오. 억지로 할 것이 아니라, 하나님의 뜻을 따라 자진해서 하고, 더러운 이익을 탐하여 할 것이 아니라, 기쁜 마음으로 하십시오. 여러분은 여러분에게 맡겨진 사람들을 지배하려고 하지 말고, 양떼의 모범이 되십시오." (베드로전서 5:2-3)

3. 재충전, 임기제, 정년 조정 대책이 필요하다

현재 교회가 장려하는 장기목회는 장점과 함께 많은 폐단도 지니고 있다. 교회의 사유화, 목회 매너리즘, 교회 행정의 부패, 의사결정의 비민주화 등이 그것이다.

장기목회의 가장 큰 문제는 재충전 기회의 부족이다. 미자립 교회 목회자는 그럴 생각도 못하겠지만, 자립 교회의 목회자도 재충전의 기회를 꺼린다. 자기 자리에 대한 불안감 때문이다.

그러나 요즘 같은 격변의 시기에 충전 없이 한 자리에서 일한다는 것은 대단히 무책임한 일이며, 스스로는 물론이고 교인들까지 병들게 할 수도 있다. 총회나 노회는, 적어도 3-4년마다 3개월 코스의 재충전 과정을 신학대학에 개설하여 모든 목회자들이 이를 의무적으로 이수하도록 해야 할 것이다. 또 7-8년 단위로 6개월이나 1년 동안 시무 교회를 떠나 안식과 재충전의 기회를 갖도록 의무화해야 할 것이다. 우선은 자립 교회부터 시행하는 것이 좋겠다.

이와 함께 항존직의 임기와 정년도 조정되어야 할 것이다. 현재 항존직자의 정년은 70세로 되어 있다. 그러나 현재와 같은 격변의 시대에는 정년을 조정하여 교회를 젊게 해야 한다.

목회자나 장로의 임기제도 검토해 볼 문제다. 한 목회자가 한 교회에 너무 오래 있지 않도록 교단 차원에서 규제를 할 필요가 있다. 7년이나 10년마다 신임투표를 실시하는 방법이 있을 수 있다.

의사결정에 중요한 역할을 담당하는 장로의 경우도 70세까지의 정년제도보다는 임직시기를 기점으로 7년이나 10년간의 임기만 부여하는 것이 타당하다고 본다. 임기를 마친 후에는 신임투표를 거쳐 시무를 계속할 수 있도록 하면 된다. 물론 새로운 임기를 시작할 때에는 총회나 노회가 소정의 재충전 과정을 거치도록 해야 할 것이다.

오늘날 교회의 부패와 퇴보는 교회 지도자들이 격변하는 시대의 흐름에 둔감한 채 교회 지도에 필요한 영적, 지적 충전을 소홀히 하는데 그 원인이 있다.

이렇게 획기적인 대책이 있기는 하지만, 그 채택 여부를 결정할 권한이 바로 당사자들에게 있으니 얼마나 실현이 가능할지 모르겠다.

그 밖의 몇 가지 제언

1. 변화를 읽자

정보화 사회의 도래로 정치, 경제, 사회, 가정, 문화 등 모든 부분이 변화를 맞고 있다. 교회의 환경도 달라지고 있다. 변화란 위기이면서도, 기회가 된다. 이러한 시대에 교회와 그리스도인이 살아남아 하나님의 뜻을 이 땅에 구현하려면, 새로운 시대의 질서에 맞는 사고와 행동을 지녀야 한다. 농경사회의 주먹구구식 사고를 갖고는 정보화시대를 살아갈 수 없다. 무엇이든 환경이 바뀔 때 적응하지 못하면 살아남을 수 없다. '前과 同!'이라는 사고로는 생존이 어려운 시대다.

기독교의 본질은 시대가 바뀌어도 절대로 달라질 수 없다. 그러나 그것을 전하고 삶에 적용하는 수단이나 방식은 그 시대에 맞게 달라지지 않으면 안 된다. 본질(Ends)이 아닌 수단(Means)을 붙잡고 그것의 절대 불변을 외치는 건, 보수주의도 아무것도 아니다. 지도자는 변화를 먼저 읽을 줄 알아야 한다.

2. 쌍방 커뮤니케이션으로 참여적 목회를

참여적 목회를 위한 좋은 방법의 하나가 쌍방적인 커뮤니케이션의 활성화다. 교회 조직은 지도층의 의사가 교회 내 조직과 일반 교인들에게 잘 전파되고, 산하 조직들이 유기적으로 의사소통을 하고, 교인들이 지도층에 의사를 쉽게 전달할 수 있어야 한다.

조직 커뮤니케이션은 혈액 순환과 같다. 교회 조직은 진정한 토론과 의사소통이 이뤄져야 건강해진다. 그것이 막히면 동맥경화증이 된다. 교회 내의 다양한 조직과 교인들이 자유롭게 의사를 소통할 수 있는 장치를 마련하는 것이 좋다. 교회보나 주보, 정기적인 설문조사가 효과적이다. 쌍방 커뮤니케이션이 이뤄지지 않을 경우, 교인들은 '침묵하는 다수'가 되고 만다.

3. 가정을 살리는 목회

삶의 환경 변화로 가장 심각한 위기를 맞는 게 아마도 가정일 것이다. 부부관계, 부모와 자녀관계가 위협을 받고 있다. 목회자들도 예외가 아닌 듯하다.

교회는 지금까지 가정보다 교회 일이 더 중요하다고 가르쳐왔다. 그러나 가정 일이나 직장 일이나 교회 일이나 모두가 소중하고 거룩한 일이다. 교회 지도자들은 균형적인 시각을 갖고 교인들의 가정을 지키고 돌보고 살리는 일에 힘써야 한다.

교회지도자는 교인들에게 가정 일도 교회 일 만큼 중요하다는 사실을 일깨워 줘야 하며, 지나친 교회 호출이나 동원을 삼가야 한다.

점점 심각해지는 부부간의 갈등 문제의 해결에 목회의 주안점을 둬야 하며, 교회가 학교와 가정과 연대하여 자녀들의 교육문제를 주도해 나가야 한다. 한 달에 한 번이라도 교인들이 가족들과 함께 예배에 참석하도록 배려할 필요가 있다.

4. 창조적인 삶을 가르치자

목회란 교인들의 삶의 질을 높여주는 것이다. 스스로 질 높은 삶을 영위하지 못하는 목회자는 교인들에게도 그렇지 못한 삶을 요구하기 쉽다.

목회자는 영적으로나 정신적으로나 육체적으로 항상 신선함과 건강함을 유지해야 한다. 그러자면 적당한 휴식을 가져야 하며 독서, 공연관람, 운동, 여행 등 다양한 취미를 즐길 줄 알아야 한다.

목회자가 지치면 전 교인을 피곤하게 한다. 교인들을 지나치게 내몰면 교인들은 사유(思惟)할 여유를 갖지 못한다. 사유하지 못하는 교인들은 신앙적으로 성숙하지 못하고 로봇같이 판단 없는 일꾼으로 전락하게 된다. 지도자가 시키는 대로만 한다.

창조의 하나님은 일할 사람이 부족해서 우리에게 일을 시키시는 것이 아닐 것이다. 그 일을 통하여 우리를 영적으로 성숙시키고자 하신다. 그 일에 우리가 치여 버리면 무의미하다. 교인들에게 일만 시키지 말고 그들을 창조적인 삶으로 인도해 주어야 한다. 교인들에게 좋은 책을 읽히고, 다양한 강의를 듣게 해 주고, 행복하게 사는 법을 가르쳐 줘야 한다. 그래서 교회와 기도원에 독서대가 필요하다.

글을 마치면서

역사가들은 근세 역사를 마르틴 루터가 종교개혁을 시작한 1517년부터 기산한다. 루터의 종교개혁운동은 종교뿐만 아니라 정치, 경제, 사회, 문화, 과학계에 엄청나게 새로운 창조와 발명을 가져왔다. 오늘날 서구의 민주주의, 민족주의, 과학주의를 종교개혁의 산물이라고 해도 과언이 아니다.

루터의 종교개혁 정신은 당시 가톨릭 교리하에서는 코페르니쿠스적인 가치관의 전환을 의미하는 엄청난 변화였다. 종교개혁은 당시 교황을 정점으로 하는 전제적 위계질서와 부패한 제도를, 새롭고 민주적인 교회의 질서로 회복시켰다.

다시 말해 1500년 기독교회 역사 속에서, 비기독교화된 로마 가톨릭 교회를 본래의 본질적인 기독교회로 회복시킨 운동이었다. 그 결과 당시 봉건적 사회의 경제관, 가치관, 사회윤리를 혁신하여 근대 민주사회를 형성하는 계기를 이뤘다.

최근 들어 한국 교회라는 건축물은 균열을 보여 주고 있다. 교회가 교회 내외부로부터 철저한 갱신을 요청받고 있다. 그런데도 문제를 제대로 지적하지 못하고 있다.

삼풍백화점 붕괴의 원인이 설계도와 자재 자체에 있지 않듯이, 교회의 균열 원인도 진리 자체에 있지 않다. 문제 제기를 할 수 없는 경직된 분위기와, 문제 제기를 보류시키는 '맹목적인 아멘!'이라는 고정관념이, 바로 균열의 주범이다.

이 세상에 문제가 없는 조직이란 없다. 다만 문제를 찾아내려 하지 않는 데 '문제'가 있다. 기독교의 생명은 '개혁'이다. '개혁'은 애정이 담긴 문제의식에서 비롯된다. 문제의식이 없는 개인에게서 회심(悔心)을 기대할 수는 없으며, 문제의식이 없는 사회나 조직은 부패하고 붕괴하기 쉽다.

교회는 문제의식을 가진 소수를 '이단시'하지 말아야 한다. 소수인 예수님은 당시 다수인 율법주의에 정면으로 문제를 제기하셨고, 역사상 최대의 '이단자'로 지목되어 다수결에 의해 처형당하셨다. 다수가 항상 옳은 것은 아니다.

한국 교회의 부패와 세속화의 책임은 90퍼센트는 목회자들에게 있다. 그러나 일반 교인들에게도 10퍼센트의 책임이 있다. 그것을 방관한다면 공범이 되고 만다.

일부 잘못된 지도자들의 독주와 횡포와 오류에 제동을 걸려면, 교인들이 문제의식으로 깨어 있어야 한다. 교인들이 판단력을 갖추고 영적 수준을 높이고 신앙이 돈독해지면, 교회의 세속화를 막을 것이며, 나아가 교인들의 직장, 가정, 사회도 변화될 것이다.

종교개혁은 과거완료형의 역사적 사건이 아니다. 복음이라는 묘목이 잘 자라나도록 김을 매주고 거름을 주고 가꾸고 잡초를 뽑아주는 현재진행형의 작업이다. 종교개혁은 단순히 초대 교회나 종교개혁시대로의 회귀가 되어서는 안 된다. 오늘의 상황에서 정체성을 회복하기 위한 고민이 되어야 한다.

비극적인 과오가 이 시대에 다시 되풀이되지 않도록, 오늘 우리 개신교는 문제의식을 갖고 항상 깨어 있어야 할 것이다.

한국 교회 개혁을 위한 '98 선언문

　사랑하는 한국 교회 형제자매 여러분! 교회가 바로서야 나라가 바로 섭니다. 최근 이 땅에 임한 환란은 부패한 교회와 사회에 대한 하나님의 채찍이요, 회개와 개혁을 촉구하는 하나님의 음성입니다. 세상의 소금이어야 할 한국 교회의 상당수는 맛을 잃은 소금처럼 길에 버려져서 사람들의 발에 짓밟히고 있습니다. 사회는 교회로부터 진리와 정의의 빛을 애타게 찾고 있으나 교회는 물질주의, 권위주의, 물량주의의 흑암 속에 잠겨 있습니다. 하나님은 교회를 그리스도의 몸이요, 성령의 교제가 넘치는 공동체로 만드셨으나 한국 교회는 수백 개로 갈라지고 찢어졌습니다.

　하나님을 알고 사랑하는 일보다 돈을 더 사랑하고, 건강하고 성숙한 그리스도인을 양육하는 일보다 수와 크기를 자랑하고, 섬김과 나눔의 본이 되어야 할 지도자들은 권위와 교권을 내세웠습니다. 평신도의 위치는 위축되고,

사회적 책임은 무시되었으며, 그리스도와 성령 안에서
하나 된 공동체이어야 할 교회는 분열되었습니다. 따라
서 한국 교회는 한국 사회를 변혁하고 선도할 지도력을
잃어버렸습니다. 이에 우리는 교회 갱신과 교회 지도력
회복을 위해 다음과 같이 선언합니다.

1. 교회 내의 권위주의 척결

우리는 교회 안에 만연된 권위주의를 깊이 우려합니
다. 모든 성도는 다 '왕 같은 제사장'으로 교회 안에서 동
등한 지위를 가집니다. 교회 안의 모든 직분에는 어떠한
계급의 차이도 있을 수 없습니다. 만일 차이가 있다면 그
리스도 안에서 각각 받은 은사와 직분의 차이일 뿐입니
다. 목사는 말씀과 성례에 힘쓰고, 장로는 교인들을 돌아
보며, 집사는 구제와 봉사에 전념하는 것이 옳습니다. 모
든 행정은 민주적 절차에 따라 진행해야 하고 인간의 부
패한 본성이 횡포를 부리지 못하도록 견제와 균형의 장
치를 갖추어야 합니다. 우리는 모든 그리스도인들이 각
각 받은 은사대로 교회 공동체를 가꾸어 가기를 촉구합
니다.

2. 목사 · 장로의 임기제와 평가제 도입

우리 한국 교회는 지도자들의 직무 수행에 대하여

평가·개선할 수 있는 제도적 장치를 갖지 못하였습니다. 그 결과 목사와 장로가 직무 수행을 게을리 하거나 문제를 일으켜도 교회로서는 속수무책일 수밖에 없습니다. 이로 인해 교회 갱신이 어려웠던 것은 말할 것도 없고, 선교와 전도에 엄청난 손실과 시련을 겪고 있습니다. 따라서 우리는 교회 형편에 따라 목사·장로의 정기적인 평가제와 임기제를 도입하여 임기 만료시 계속 시무 여부에 대해서 교인들의 투표로 결정할 것을 제안합니다.

3. 노회와 총회의 금권선거 배격

우리는 각 교단 노회장과 총회장 선거시 막대한 금품이 오가고 향응이 베풀어 지고 있는 현실을 안타깝게 생각합니다. 우리는 돈으로 교권을 사는 행태가 교회의 쇠퇴를 초래했음을 교회 역사를 통해 잘 알고 있습니다. 한국 교회에서 자행되는 금권선거는 교회를 죽이는 일이고 하나님을 부끄럽게 하는 일입니다. 지금 당장 각 교단은 금권선거를 중단할 것을 촉구합니다. 금권을 내세워 총회장과 부총회장에 출마한 사람은 반드시 낙선시켜야 하고 이 일에 동조하거나 방조하는 사람도 책임을 물어야 할 것입니다. 금권뿐만 아니라 지방색과 파벌을 이용한 교회 선거도 하나님이 가증스럽게 여기는 일임을 알아야 할 것입니다. 모든 지도자는 그의 은사와 능력에 따라 선출되어야 하며, 모든 직분은 하나님의 교회를 섬기고 세우는 일임을 깨달아야 합니다.

4. 교회 재정 사용의 건전성과 투명성 확보

우리는 한국 교회의 재정 사용이 건전하지 못한 것에 대해서 가슴 아프게 생각합니다. 대부분의 헌금은 각 교회 유지에 사용되고, 교회가 마땅히 힘써 감당해야 할 교육, 선교, 봉사, 구제가 소홀히 행해지고 있습니다. 또 일반 성도에게는 재정 사용 내역이 투명하게 공개되지 않는 경우가 많습니다. 교회 재정은 하나님이 위탁한 것이므로 마땅히 건전하게 사용해야 합니다. 따라서 우리는 다음과 같이 제안합니다. 첫째, 교회 재정은 전교인에게 공개되어야 합니다. 둘째, 재무 자료의 투명성과 신뢰성 확보를 위해 전교회 차원의 통일된 회계 기준이 있어야 합니다. 셋째, 교회 재정은 제삼자에 의한 외부 감사나 최소한 총회 차원의 정기 회계 감사가 있어야 합니다. 넷째, 재정 사용은 효율성을 견지하여 낭비가 없어야 하며, 하나님과 이웃 사랑의 실천이 지출의 최우선적 기준이 되어야 합니다. 다섯째, 차입 경영은 최대한 자제해야 합니다. 차입이 불가피한 경우에도 조속한 상환을 재정 관리의 제일 목표로 삼아야 합니다.

5. 개교회 성장주의 배격과 협력 구축

우리는 한국 교회가 버려야 할 가장 큰 우상은 교회성 장주의라고 생각합니다. 이제 우리는 큰 교회가 좋은 교 회라는 세속적 물량주의를 반성하고 참된 교회의 모습을 회복해야 합니다. 한국 교회는 또한 개교회주의를 지양 해야 합니다. 적지 않은 교회들이 그동안 개교회의 명성 에 도움이 되는 일이라면 하나님 나라의 확장에 방해되 는 일조차도 서슴지 않고 해왔습니다. 다른 교회와 협력 하면 복음 전파에 큰 도움이 될 일조차도 자기 교회에 끼 칠 유익이 없으면 외면하였습니다. 만연된 개교회주의로 인해 우리 한국 교회는 성경이 가르치는 교회의 보편성 과 통일성을 무시했습니다. 따라서 우리는 한국 교회가 개교회 중심주의를 버리고 공교회 의식을 회복하기를 촉 구합니다.

6. 교회의 사회적 책임과 교회의 연합과 일치

우리는 한국 교회가 수적인 성장에 상응하는 영향력을 사회에 드러내지 못함을 안타깝게 여깁니다. 과거 한때 민족의 고난과 아픔에 동참했던 교회가 최근에는 중요한 역사적 순간마다 사회적 책임을 포기한 사례가 잦았습니 다. 그 결과 기독교문화 창달, 부패한 사회구조개혁 그리 고 건전한 시민사회 조성에 공헌하지 못하였습니다. 또

한 우리 한국 교회는 공동의 대외적 목표와 전선(戰線)을 상실함으로써 일체감을 잃었고, 그 결과 교단 내부의 지엽적인 문제로 서로 반목하고, 심지어 분열을 초래하는 오류를 범하였습니다. 이에 우리는 교회 공동체 내의 근본적인 문제에서는 일치를 그리고 지엽적인 문제에서는 관용을 추구함으로 그리스도의 몸된 교회의 일치 속의 다양성을 확보할 것을 제안합니다. 하나된 교회를 통해 확보한 사랑의 능력과 자원으로 우리 한국 교회는 사회를 향한 총체적 선교의 사명을 감당해야 합니다.

7. 목회자 자질 향상과 신학 교육의 정상화

우리는 한국 교회의 많은 문제가 안타깝게도 목회자들의 자질과 관련되어 있다는 생각을 떨쳐버릴 수가 없습니다. 말하기조차 송구스러운 일이지만 일부 목회자들이 지적으로, 윤리적으로, 인격적으로 수준이 너무 낮다는 것입니다. 그 이유는 무인가 신학교의 부실한 교육과 인가된 신학교라 하더라도 재정적 이유에서 비롯된 대량 교육 탓이라고 생각합니다. 따라서 우리는 다음과 같이 제안합니다. 첫째, 무인가 신학교는 폐지되어야 하고 인가된 신학교도 비정규 과정을 폐지해야 합니다. 둘째, 목사 후보생을 무책임하게 배출한 잘못을 회개하고 책임 있는 교육이 가능한 적정 수의 학생만을 선발, 교육하겠

다는 다짐을 새롭게 해야 합니다. 셋째, 신학교의 재정적
자립을 위해 각 교단의 교회는 재정적으로 신학교를 후
원해야 합니다.

사랑하는 한국 교회 형제 자매 여러분, 선언에 참여한
우리는 누구도 스스로 의롭다고 생각하지 않습니다. 우
리 모두가 한국 사회와 한국 교회의 현재와 같은 모습을
빚어내는 데 책임이 있음을 고백합니다. 그러므로 우리
는 우리 자신을 포함해 한국 그리스도인 모두가 하나님
께 다시 돌아가기를 촉구합니다. 오직 하나님의 말씀을
따르고 순종할 때만이 우리에게 미래가 있습니다. 한때
우리를 한국 사회의 빛으로, 등불로 사용하신 하나님께
서 그의 긍휼하심과 자비하심으로 우리를 다시 세워주실
것을 확신합니다.

지난 죄는 회개하고 새롭게 다짐합시다. 힘써 하나님
을 찾읍시다. 하나님을 아는 지식에 풍성해집시다. 정직
과 공의를 실천합시다. 검소와 절제를 생활화하는 그리
스도인이 됩시다. 하나님의 교회를 맡은 종으로서 뜻과
정성과 마음을 다해 하나님과 이웃을 섬깁시다. 개교회
중심주의를 버리고 공동체의식을 회복합시다. 성장 지상
주의 우상을 멀리 합시다. 사람을 소중하게 여기고 다음
세대를 위해 사람을 키우는 교회가 됩시다. 섬김의 지도

력, 낮아짐의 능력을 가집시다. 하나님의 긍휼을 기대합
시다. 여호와께로 돌아갑시다.

1998년 10월 9일
한국교회개혁선언문 편집위원회